湛庐CHEERS

与最聪明的人共同进化

HERE COMES EVERYBODY

[美] 迈克尔·韦迈尔
Michael Wehmeyer
[美] 赵勇 著

让孩子成为自主学习者

周晓音 译

Teaching Students to Become Self-Determined Learners

中国财经出版传媒集团
中国财政经济出版社

序言

教育的意义

独立自主有创意可能是我们对教育的最简单、最直接的期待。我们需要独立的人，一个可以自己养活自己、身心健康的人。我们需要一个自主的人，一个有能力设定自我目标，自主学习，靠自己达成目标的人。我们需要有创意的人，一个能够创造性地解决问题并善于应对不确定性的人。独立自主有创意的人通过创意为他人及社会创造价值，从而实现自己的价值，并获得社会和他人的认可。

然而，传统教育，包括家庭教育的最大问题就是剥夺了孩子成为独立自主有创意的人的机会。孩子天生追求独立自主，也天生具备创造性，但家庭和学校往往要求孩子学习预设的课程，完成社会规定的活动，遵循传统的规则。家庭和学校通过预先安排的学习活动、课程、教材、老师和考试来教育孩子。孩子一旦进入这些安排好的学习环境就基本没有可以自己决定的事情，唯一可做的就是按照要求学习，完成作业，通过考试。自主成为一种奢求，这让孩子慢慢认为自主是于己不利的，是需要放弃的。

“听话”可能是家长和老师对孩子说的最多的话，也是他们对孩子最大的期望。其实，听话就是要求孩子毫无主见地执行他人的意见，按他人的要求行事，就是要孩子放弃自主。

人类已经进入第二次机器革命时代，进入第四次工业革命时代。技术，尤其是智能技术将进一步参与人类生活和工作，给人类带来更多方便的同时也将带来更多更快的产业转型，机器会在越来越多的领域承担人类的工作。在这样一个时代，人类需要的是更多的自主性与更多的创造性，从而成功地应对技术进步带来的不确定性。

自主是一个人学习的最大动力，父母却总是想借助外部手段激发孩子的学习动力，比如小到冰激凌大到假期出游等奖励手段，禁止孩子看电视及玩游戏等惩罚手段。然而，孩子对学习有天然的兴趣，因为不学习就不可能生存，但他们要学习的东西必须对他们有意义、有价值。学习的动机是内在的，这样的学习要求对学习的内容和过程可以自主，可以有自己的想法。但传统教育往往忽略甚至压制学生的自主性，家庭教育也是如此。因此，许多学生的学习积极性不高，只是默默地顺从，按部就班地按照父母和老师的要求假装努力。

如今，美国的年轻人大规模辞职，究其原因，就是工作不称心，没有找到自己的兴趣，无法发挥出自己的特长或者根本就没有兴趣和特长。如果一个人能干自己想干且有能力干的事，他会表现出极大的积极性，而要找到自己的兴趣和特长就必须有自主的经历。

这本书原本是写给美国的父母和老师的，目的是通过许多研究成果和案例说明自主的价值和意义，并帮助父母和老师给孩子营造一个可以独立自主的环境，让孩子在成长过程中不断锻炼自主能力，找到自己的兴趣和特长。很高兴这本书被翻译成中文与中国读者见面，衷心希望本书同样能给中国的父母和老师带来启发。

赵勇博士
美国堪萨斯大学教育学院杰出教授
澳大利亚墨尔本大学教育学院教育领导力教授
2022 年 7 月 30 日于美国

目录

测一测

测一测，关于自主学习，你了解多少？

扫码鉴别正版图书
获取您的专属福利

扫码获取全部测试题及答案，
了解什么是自主学习

- 个性化学习计划适用于所有学生吗？（　）

  A. 适用

  B. 不适用

- 为了支持自主学习，教学需要关注学生能做什么、想做什么，并通过测试来解决学生的缺陷。你认为这种说法对吗？（　）

  A. 对

  B. 不对

- 在自主型教育中，教师不再是学生的组织者和学习的领导者吗？（　）

  A. 是

  B. 否

扫描左侧二维码查看本书更多测试题

01

我们的教育中缺失的角色

Teaching Students to Become Self-Determined Learners

01
我们的教育中缺失的角色

“也许儿童不需要另一场强加给他们的改革。相反，他们要成为自己教育的主人。”美国威廉姆斯学院心理学教授苏珊·恩格尔（Susan Engel）2011 年在《纽约时报》发表的一篇专栏文章中写道。恩格尔是一位在儿童发展与教育领域多产的作家，在跟踪了马萨诸塞州西部纪念碑山地区高中（Monument Mountain Regional High School）8 名学生不寻常的学习经历后，她得出了这一结论。整整一个学期，这些学生在一所公立高中里设计并管理自己的“学校”。在这个学期里，学生们按照自己规划的课程学习，没有参加其他课程。他们虽然需要从英语、数学和科学教师那里获得建议，但学习、互相监督、互相提供反馈，这些任务主要由学生负责。学生们互相为对方写评价，但不打分数。他们称这个项目为**自主计划**。

2010 年，当时还是纪念碑山地区高中学生的塞缪尔·莱文（Samuel Levin）在母亲的鼓励下发起了这个项目。据《时代周刊》杂志的撰稿人亚历山德里亚·西弗林（Alexandria Sifferlin）

回忆，当莱文向母亲抱怨自己和同学对高中生活的不满时，母亲问他："你为什么不开一所属于自己的学校？"

于是，莱文就这么做了。

九年级时，莱文以学生们独立在学校经营一座花园为起点开始了自己的项目。学生们对经营花园表现出极大的责任心，有些人甚至周六早起到学校来照看植物。学生们对于自己创造的东西所展现出的热情，让莱文相信他们有能力做得更多，也许甚至可以管理自己的在校学习。"当高中生对某些事情表现出极大的热情时，我看到一些惊人的巨大变化。"莱文在谈到他在花园项目中的经历时这样说。

莱文与他所在学校的指导顾问迈克·鲍威尔（Mike Powell）讨论了创建一所由学生管理的学校的想法。鲍威尔表示支持，并帮助莱文取得了校长和督学的支持。在一些教师和家长的反对声中，学校的课程指导委员会和董事会批准了该项目，实验于2010年开始。

事实证明自主计划取得了巨大成功，至少对参与该项目的学生来说，这是一次成功的经历。"他们的实验取得了革命性的成果。"恩格尔观察到。那些原本要辍学的学生开始喜欢上学，在传统课堂中苦苦挣扎的学生在属于他们自己的学校里生气勃勃。这个项目对各类学生都很有效。"不管以前成绩如何，这些学生现在都取得了令人印象深刻的、充实又真实的成果。"乔治·卢卡斯教育基金会的创始执行理事米尔顿·陈（Milton Chen）写道："他们还获得了重要的时间管理能力，并且能够通过给出建设性的评价来帮助同学。"

作为一项教育实验，自主计划更大的成功在于它产生的冲击和影响。人人都知道这只是一次小小的尝试：8名学生，在12年（或24个学期）在校生涯中的一个学期里管理自己的学习。这个理念很简单：让学生为自己的学习做主。

这个项目引起了很多关注。它的故事出现在主要媒体上，比如《纽约时报》《华盛顿邮报》《时代周刊》，以及一些有影响力的教育媒体，如教育乌托邦（Eutopia）、旧金山公共广播电台的播客节目"思维的转换"（KQED Mindshift）和公立学校评论网站（Public School Review）。热播的教育纪录片《超越自我》（*Beyond Measure*）也报道了这个项目。一段关于该项目的短片在YouTube上迅速传播，自2013年发布以来，播放量已超过20万次。2016年，由塞缪尔·莱文和苏珊·恩格尔合著的《我们自己的学校》（*A School of Our Own*）一书把这个项目作为中心主题。这个项目还激励了许多家长、教育者和学生开始他们自己的自主计划。无数希望效仿这个项目的人给学校和莱文发邮件并前去参观。

自主计划的成功是人们对传统教育日益不满的结果。它似乎为解决大多数学校普遍存在的教育问题给出了一个答案。它似乎也是对政府为改善教育而发起的无数失败尝试的控诉。它为教育变革指明了新的方向。

对传统教育的不满

几乎世界上每个国家的学生、家长和公众都普遍对当前的教育方式感到不满。不满的根源在于很多已经被广泛意识到并有据可查的问题，其中最主要的问题是不同家庭背景的学生在学业成就和受教育程度上持续存在差距；很多学生脱离学校教育；学生对技术进步迅速塑造的世界毫无准备。

成就鸿沟

现在的教育并不能平等地为所有学生服务，这已经不是什么秘密了。在当今教育中存在着巨大的不平等，不同群体的学生学业成就持续存在差距就是明证。学生的家庭背景对他们的学业成就具有很大的影响。换句话说，家庭的社会经济条件在很大程度上决定了学生的教育结果。

例如，有研究证实，在美国，有色人种和低收入家庭的孩子在标准化考试分数、高中毕业率和大学入学率这三项学业成就指标上的平均表现都不如白人和高收入家庭的孩子。学生的学业表现也因地域而异，美国某些地区的孩子比其他地区的孩子成绩更好。世界其他国家的教育系统也存在类似情况。

学生的先天条件对教育结果也产生了重要作用。孩子先天具有不同的智力、个性和兴趣。这些与生俱来的差异使孩子在学校里面对不同的命运，进而带来了不同的学业成就，因为在当前的教育体系中，学生的有些特质是受欢迎的，而另一些特质是不受欢迎的。受欢迎的特质有助于教育的成功，具有这些特质的孩子在学校表现良好，并取得了更好的学业成就。具备不受欢迎特质的孩子不适应当前的教育体系，被看成失败者。孩子在学业成就上存在巨大差距，一些孩子成为考试成绩优异的优等生继续上大学，而另一些孩子甚至无法从高中毕业；一些孩子迅速超过其他人，被安排在资优班中，而一些孩子甚至难以跟上教学进度，需要接受特殊教育或补课。

第一种成就鸿沟，即与儿童所在家庭社会经济地位和所属族裔有关的差距，受到了广泛关注。它被看作社会不公和经济不平等导致的结果。人们还认识到，如果不解决这个差距，将造成严重的社会和经济后果。因此，近几十年来，许多国家的政府一直在考虑如何缩小这一差距。事实上，很多国家的政府最近发起的大多数教育改革都针对由于贫困和族裔差异导致的学业差距。

第二种成就鸿沟，即与天赋、兴趣和个性有关的差距，很大程度上被忽视了。更糟糕的是，不少人认为这种差距是正常的，而且认为这是教育的必然结果。换句话说，这种差距是有意造成的，因为教育作为一种分选机制，将人加以区分，并据此在精英体制中为他们安排不同的机会和位置。因此，除了接受特殊教育的学生，那些无法从传统教育中获益的孩子直接被当作表现不好的学生。看上去问题似乎在学生自身而不是教育系统。对家长和学生来说，第二种鸿沟是不满和痛苦的根源。人们越来越认识到，这些学生是当前教育实践的受害者。为满足不同学习者的需求，人们越来越有兴趣改变教学实践，这导致了差异化教育、个性化学习和个别化学习的发展。

脱离学校

学生脱离学校是人们对教育不满的另一个来源。脱离学校的一种表现是许多中小学生对上学不积极。2017 年，盖洛普学生调查（Gallup Student Poll）发现，在美国，五年级到十二年级的学生中只有不到 50% 的学生上学，近 25% 的学生基本不上学，另有 29% 的学生经常缺课。这些数据与 2016 年大致相同。该项调查还发现，只有 20% 的学生前一年没有无故请假或因为生病而缺课，而近 30% 的学生表示他们经常缺课。澳大利亚的一项研究发现，大约 40% 的学生在指定年度没有取得成绩。

脱离学校的另一种表现是辍学，许多学生毕业前就离开了学校。例如，在美国，每年有 100 多万学生在拿到文凭之前就辍学了。2016 年，大约 6% 的美国高中生辍学。

除此以外，许多人对学校抱有负面情绪。国际学生评估项目（Programme for International Student Assessment，PISA）是世界规模最大的国际教育调查项目，根据这个项目在 2015 年公布的调查结果，世界上超过 50% 的 15 岁儿童表示对参加考试感到非常焦虑，略低于这一比例的学生表示他们对学习感到紧张。超过 25% 的学生表示在学校没有归属感。

学生们在学校里也过得非常无趣，用他们的话说“觉得无聊透了”。2004 年进行的盖洛普青少年调查（Gallup Youth Survey）要求接受调查的青少年选择三个词来描述他们在学校的感受，其中约 50% 的人选择了“无聊”，42% 的人选择了“累”，只有 2% 的人表示在学校从未感到无聊。

缺课、辍学、焦虑、无聊以及学生们在社交、心理和情感上的健康状态，都是经常被报道和讨论的问题。在求学过程中甚至作为成年人离开学校后，这些问题依然会对学生造成严重的负面影响，并由此产生严重的经济和社会后果。教育机构无法让学生参与有价值的活动，无法为他们提供更具吸引力的学习内容，无法为所有学生提供促进社交、心理和情感良好发展的环境——这些事实让教育者、家长和政策制定者感到沮丧。

孩子的能力与社会的发展不匹配

人们对当今教育不满的第三个主要原因是，面对持续发生变化的世界，教育没有帮助孩子做好应对准备。人们普遍认识到今天的学校没有充分地帮助孩子发展未来所需的技能和素质，导致他们的能力与社会的发展不匹配。学校期望学生掌握的知识和技能不是未来世界需要的，未来世界所需要的知识和技能学校并没有传授。

教育总是在与技术赛跑。技术的不断进步带来文明的革命性、颠覆性的转变。这种转变往往导致社会重新评估以前的知识和技能的价值。不同的社会发展阶段重视不同的知识和技能。在一个阶段有用和被需要的东西在另一个阶段未必同样有用或被需要。同样，过去有用和需要的东西在未来可能过时。因此，纵观历史，各个社会发展阶段都在不断定义和重新定义值得被学校培养的优秀素质，特别是在重大变革时期。

我们正处于重大社会变革之中。从 20 世纪 70 年代开始，技术进步的浪潮带来了大规模的社会变革，从而引发了第三次和第四次工业革命，也就是第二次机器革命时代。与第一次工业革命不同，第四次工业革命的特征是智能机器（或人工智能）和基于人工智能的自动化，以及全球物联网。这些“智能”机器已经带来了颠覆性的变化，并将在未来继续带来变化。

传统教育培养的一些知识和技能越来越没有价值，甚至被智能机器淘汰。科技发展的目标是提高和扩展人的能力，使人做事更高效，帮助人完成本来不可能完成的任务，并使人摆脱琐碎、有害以及危险的工作。在过去的两个世纪里，科技极大地提高了人类的生产力，扩展了人类的能力，使更多人摆脱了琐碎、危险的工作。但这种进步反过来使传统的生产线工作消失，一些人工的工作被机器所取代。机器越来越多地具备了与人类相同的知识、技能和其他人类素质，开始执行以前由人类完成的任务。事实上，在执行某些任务方面，机器比人类优秀得多，而且使用机器通常比使用人类成本低得多，机器具有持久的服从性，可以比人类工作更长时间且不会抱怨。机器已经逐渐占据了传统上准备让人类从事的工作，这使得那些学校按规定要培养的素质不再那么有用，也不再那么令人满意。

最先被信息和通信技术削弱的是那些依赖记忆、信息处理和重复流程的知识。例如，《危险边缘》（*Jeopardy!*）[①] 节目中最好的选手和世界上最好的棋手都是计算机，这表明了计算机在信息存储和处理方面的优越性。过去被重视的低级认知技能很容易被机器所取代，与此类似，过去被重视的遵循指令和坚决服从命令这种类似机器一样的品质，也很容易被机器取代。与此同时，第二次机器革命时代为传统上被低估的人才创造了机会，使他们成为有价值的人才。例如，当需要死记硬背的工作消失时，需要高阶思维（如创造力）的工作数量就会增加。结果，随着生产阶层地位的下降，创造力阶层的地位随之上升。当有利于线性思维和逻辑思维等所谓左脑技能的工作实现自动化时，基于右脑的能力就会变得更有用、更满足需求。

更重要的是，生产力的提高带来了更多闲暇时间和可支配的收入，这样人们就能够消费除生活必需品以外的更多的东西。欠发达国家必须注重基本生存需求（如食物、清洁水、住房、基本医疗），而技术发达地区的人们能够在心理、审美、智力和民众的社会需求等方面消费。因此，在发达经济体中，教育、娱乐、医疗保健、旅游、时尚、美容和其他服务于心理、审美、智力和

① 《危险边缘》是美国哥伦比亚广播公司的一档益智问答游戏节目。——译者注

社会需求的行业已经变得与满足生存基本需求的行业（如食物和住房）的规模一样大（也许更大）。

这些新的行业为传统上被低估的能力提供了无限的可能性，使它们变得更有用。例如，随着咨询业发展，人际交往和自省能力变得非常宝贵，各种各样的治疗、私人训练和人际沟通技巧变得非常有价值。随着越来越多的人消费各种形式的艺术，比如视觉艺术、电子游戏、美观的设备和家具、具有艺术感的食物、电影……艺术鉴赏能力变得越来越有价值。同样，不断扩大的电视和视频行业为那些在讲故事、表演和搞笑方面有天赋的人创造了机会。一些传统上被认为无用的能力开始变得有用了。

21 世纪的人才能力框架包含了一系列以前不被重视的技能和特征：沟通、批判性思维、创造力和合作。还有其他许多传统教育不重视，但在新时代被认为是有价值的技能、能力和特质：个人性格、创新力、右脑技能、创业技能和思维、个人能力、国际竞争力、思维模式，以及非认知性技能或软技能。

总的来说，传统学校没有对这些变化做出反应。世界上许多学校仍坚持传授过时的技能，忽视了在新世界中已经变得至关重要的能力。其结果是学生的能力与社会发展不可避免地不匹配，这已经对世界经济产生负面影响，导致数百万人找不到一份真正意义上的工作。2015 年全球领先的猎头公司瀚纳仕（Hays）与牛津经济研究院联合发布的《瀚纳仕全球技能指数》（*The Hays Global Skills Index*）中指出：

> 随着（劳动力市场）就业率的下降和长期失业率的增加，企业仍然难以填补职位空缺。空缺的职位和高失业率，这对明显的矛盾清楚地表明了雇主所需要的技能与求职者所拥有的技能之间的不匹配。

如果教育不改变，学生能力与社会发展不匹配的情况将继续恶化。如果没有革命性的改变，我们的孩子将非常遗憾地对未来毫无准备，从而无法在第二次机器革命时代取得成功。他们将无法享受第四次工业革命技术进步所带来的繁荣。

失败的改革

公平地说，社会各界为解决上文所述的这些问题做了很多努力。教育工作者、教育研究人员和企业自下而上进行小规模改革，此外，世界各国政府都启动了大规模的自上而下的改革以改善教育。政府是教育领域最有影响力的行动者，因为它控制着政策和投入，政府发起的改革是决定教育变革方向的主要力量。

总的来说，近年来世界各国政府推行的教育改革遵循了两种不同的轨迹。一种是在学校中推行更多的标准化、统一化和通过考试驱动的问责制；另一种是允许更多的地方自主，减少考试，减轻学生的学业负担。遵循前一个轨迹的代表是美国、澳大利亚和英国。这些国家的教育体系已经做出了认真的尝试，制定全国统一的课程大纲，实施全国标准化考试，并让学校和教师为学生的学业成绩共同承担责任，增加了学校之间和学生之间的竞争，并提供了直接指导方针。美国的《不让一个孩子掉队法案》（*The No Child Left Behind Act*）和《共同核心州立标准》（*Common Core State Standards Initiative*）就是这种尝试的缩影。

中国、新加坡和韩国等亚洲国家的教育体制改革则遵循后一种轨迹。这些国家一直在努力放松对课程的集中控制，扩大核心科目以外的课程，降低标准化考试的重要程度和频率，并赋予地方更多自主权。此外，为了减少课业压力、缩短上课时间、限制校外辅导、降低学校之间和学生之间的竞争，这些国家还实施了一系列措施，并且引入更多受学生欢迎的教学法。

这两种轨迹是对立的，但它们都植根于过去的经验。亚洲教育的传统做法是标准化、统一化、考试导向化，而西方教育的特点是地方自主性强、课程范围广、考试的决定因素少。从这个角度来看，全球教育改革在本质上是东西方对过去战略战术的互换。相互借鉴的原因在于各自教育体系所面临的问题不同。在西方教育体系看来，最严重的教育问题是学业成绩偏低和以考试分数衡量的学习结果差距过大，尤其是与亚洲教育体系相比。这种看法的形成部分是受国际学生评估项目调查结果的影响，比如国际学生评估项目和国际数学与科学教育成就趋势调查研究（Trends in International Mathematics and Science Study，TIMSS）数据表明，东亚学生的成绩一直远远领先于美国、英国和澳大利亚的学生。于是，东亚教育的传统做法被认为可以带来更好的学业成绩和更小的成就差距，因而值得效仿。

而一直困扰东亚教育体系的问题是学生高度焦虑、缺乏创造力、没有自信，以及社交、心理、身体和情绪状况不佳。亚洲国家认为，西方教育，尤其是美国的教育，拥有解决这些问题的方法。因此，为了改善教育，东亚国家一直试图从西方的传统做法中汲取灵感。

总的来说，东亚和西方教育改革的结果都令人失望。改革几乎没有让教育现状有所改善，引起广泛不满的问题仍然存在。这些改革并没有提高美国、澳大利亚和英国学生在国际学生评估项目中的成绩，也没有缩小不同群体学生之间在学业成就上的鸿沟。改革也没有给东亚学校带来更多的参与、更积极的社会体验和心理体验，或者更自信、快乐的学生。

为了让学生更好地为已经变化和正在变化的世界做好准备，人们还进行了一些认真的尝试。许多政府已经将 21 世纪所必需的能力，如国际竞争力和创业思维引入他们的课程中，但大多数学校仍在为所有学生提供与过去一样的教育。因此，正如著名的教育界思想领袖托尼·瓦格纳（Tony Wagner）在他的书中指出的那样，在学校所教的知识和世界所需的知识之间，确实存在一种全球性的鸿沟，因为即使是最好的学校也不传授新的生存技能。

错误的解决方案

这些教育改革的失败并不是因为常见的阻力和惰性导致改革没有对学校产生影响。相反，这些改革极大地影响了课程设置、教职工和学校文化。

> 改革失败的原因在于没有解决根本问题，即没有改变传统教育范式。或者说，这些改革的设计强化了问题形成的机制。也就是说，改革非但没有解决问题，反而加剧了问题。

规定好的知识和技能

传统教育范式始于这样一种假设：为了在成年后的生活中获得成功，所有孩子需要掌握一套相同的知识和技能，所有孩子有能力且有兴趣获得相同的知识和技能。因此，我们用课程大纲和预设的年级水平来确定儿童什么时候需要学习和考试，以及学什么、考什么，以确保他们已经学习了规定好的知识和技能。

以教师和成年人为导向的学习

传统教育范式进一步假定，儿童必须由成年人进行明确的教育和管理。因此，我们将学生组织成由成年人监督的班级，并仔细地安排和管理他们的时间。

统一的教学方法

此外，传统教育范式假定所有孩子都以同样的方式学习，并以同样的速度进步。因此，我们有统一的教学方法，并根据孩子的生理年龄将他们分为不同的年级。

成绩和考试

最后，传统教育范式像机器一样，根据孩子掌握规定知识和技能的程度，将他们划分为不同等级，给予不同的机会和资源。因此，我们设置了成绩和考试。

传统教育范式中的一些要素在工业时代或多或少是有效的，但如今不再有效。引发当今对教育普遍不满的根源正是这种范式。

第一，除了少部分基础知识外，成年人要取得成功，并不需要每个人都掌握一套相同的知识和技能。当今世界，一个人成功的关键是个人素质和技能的结合。然而，前面所述的这种过时的假设直接导致了所谓的成就鸿沟，因为不是每个孩子都有相同的资源、环境、能力和兴趣，来让他们以相同的速度获得相同的知识和技能。

第二，当孩子被迫学习他们不感兴趣或与他们不相关的东西时，他们就会感到无聊而且心不在焉。当他们不断被当作失败者时，他们就会灰心丧气。当他们为了在同一项测试中取得高分而竞争时，他们就会变得焦虑，人际关系也变得不健康。当他们被剥夺了自主权时，他们对学习的积极性和参与度就会降低。盖洛普学生调查显示，随着年级的升高，学生对学习的参与度逐渐下降，小学阶段的学生对学习的参与度最高。这表明，随着学生独立性增加，他们处于“一刀切”的教育模式下越久，对学习的参与度越低。

第三，控制孩子学什么、什么时候学、怎么学和在哪里学，限制了孩子发展出当今世界获得成功所需能力的机会。正如恩格尔指出的：

> ……我们目前的教育方法不仅没有让青少年为毕业或大学学习做好准备，在更深层的意义上，更没有让他们为成年后的生活做好准备。
>
> 我们希望年轻人变得独立而有能力，但我们把他们的生活安排得满满当当，除了回答多选题、遵照教师的指示和记忆知识点，基本不给他们做任何事情的机会。我们认为社交是学习的障碍，然而所有的证据都表明它在青少年的心理发展中扮演着重要角色。

是时候做些新的改变了

“‘疯狂’的定义是一遍又一遍地做同样的事情，却期待不同的结果。”这句诙谐且精辟的名言经常被认为出自爱因斯坦，尽管爱因斯坦也许从未说过这句话，但它依然传递了非常重要的信息。为了改善教育，我们不能再重复做同样的事情，却期待得到不同的结果。是时候做些新的改变了。

这就是自主计划所做的。自主计划代表了与传统范式完全相反的方法。它不认为所有学生都应该学习课程大纲所规定的相同的知识和技能。自主计划不强迫学生遵循同一套课程，而是让他们设计和发展自己的课程。它摒弃了学生必须由成年人来教的观点。虽然学生们会请教老师，但他们自己管理和组织学习。这个项目还放弃了所有学生需要按生理年龄分年级，并取得相似进步的想法。自主计划的学生来自不同年级和年龄，他们之间合作得非常好。此外，自主计划没有考试或成绩，取而代之的是学生们的互相评价。

自主计划代表了一种新的教育范式。这种范式没有预先设定儿童应该学什么和必须学什么。在这种模式下，“课程”是顺应学生需求的。它从儿童的需求出发：他们对什么感兴趣、什么让他们兴奋、他们有哪些能力，以及他们如何学习。这种范式没有假设所有孩子都一样，因此，它没有人为设定的标准或基于年龄、年级水平的预期。孩子们以现在的位置为起点。此外，它不认为孩子只是准备装知识的空容器，而是假设每个孩子都是与外部世界互动的和有目的的主体。

对于传统教育或者旧范式与新范式之间的区别，美国教育家、哲学家约翰·杜威在他的《经验与教育》（*Experience and Education*）一书中做了最好的概括：

> 自上而下的强制与个性化的表达和培养相反；他律与自由自觉的活动相反；从课本中和教师那里学习与从经验中学习相反；通过训练获得单一的技能，与为达到目的而学习技能相反，后者是一种生命诉求；为一个多少有些遥远的未来做准备，与充分利用当前生活的机会相反；静态的目标和现有的经验与熟悉变化的世界相反。

这种新范式其实并不新鲜。甚至在杜威之前，一些伟大的教育思想家就提出了与这类新范式类似的理念，比如瑞士教育改革家裴斯泰洛齐和法国哲学家卢梭。这些理念也在民主学校中得到了长期实践。例如，夏山学校（Summerhill School）、瑟谷学校（Sudbury Valley School）和杰斐逊郡开明学校（Jefferson County Open school）几十年来一直遵循这些理念。

但这些理念从未进入主流公立教育领域，往往局限在极少数的学校，大多是私立的小规模学校。对于大众来说，这些学校通常被认为过于激进。因此，政策制定者不愿意在整个教育系统中考虑这些理念，也很少有传统学校愿意接受它们，并用这些新范式取代传统范式。然而，我们似乎已经进入一个每个孩子都需要以新理念来进行教育的时代。

实现教育新范式的关键是学生的自主性。在自主计划中，学生掌握着自己的教育。作为自己学习的主人，他们掌控着自己想学的东西和学习的方式，他们也掌控着自己的教育环境。他们决定着要和谁一起工作，他们还决定着如何组织和管理他们的学习社区。恩格尔在《纽约时报》的一篇文章中指出，拥有自主权可能是自主计划成功的最重要因素。

> 参与自主计划的学生非常出色，但并不是因为他们特别积极或特别有才华。他们引人注目是因为他们展现出了如下特点：当学生意识到自己是学习的主人时，当他们学习对自己重要的东西时，当他们一起学习时，自主学习和个人成长就成为可能。在这种情况下，学校应该利用而不是阻挠青少年在体育运动、社会活动或人际交往方面的投入和参与。

承认学生是自己教育的主人，就是承认和尊重学生的自主权。学生无论多么年轻都是一个“人”，在许多国家，“人”拥有自主权，包括对自己教育的自主权。然而，儿童被剥夺了教育自主权，而且非常讽刺的是，这种自主权是以让他们受教育的名义给剥夺走的。为了让所有孩子都能接受更好的教育，为了让每个人都能拥有一个更美好的世界，我们需要把这项权利还给孩子。

自主计划显示出让儿童重获教育自主权的一种方法。在这本书中，我们结合在传授进取精神和创造力以及个性化教学方面的多年经验，为促进孩子的自主学习，规划出一条朝着新方向的道路，并将教育中缺失的角色——学生，放回教育图景当中。

02

为什么孩子需要自主学习

Teaching Students to Become Self-Determined Learners

许多孩子讨厌吃蔬菜。如果你是一位家长，这会让你很头疼。如果你不是家长，这会让你的家长很头疼！绿色的、橙色的、煮的、炖的、蒸的、生的……不管你解释多少次吃蔬菜对他们的骨骼生长有好处，不管你用多少种方法哄他们，或者用多少种聪明的方法遮盖，无论如何，许多孩子就是不吃蔬菜。

在热爱美食的西班牙，一个研究小组对 150 名 4 ~ 6 岁儿童进行了一项实验。研究人员调查了这些孩子对西班牙最常见的 6 种蔬菜的偏好。最终，西葫芦和四季豆这两种蔬菜被选中，因为它们既不是大多数孩子最喜欢的蔬菜，也不是最讨厌的。

实验是在这些孩子所在小学的午餐自助餐厅进行的。仔细称过重量的西葫芦和四季豆被放在餐厅的餐盘里。孩子们过来排队，挑一份蔬菜，坐下来吃，就像他们在学校每天做的那样。

孩子们被随机分为三组。第一组孩子无法选择吃到哪种蔬菜：他们被随机分到一盘西葫芦或一盘四季豆；第二组孩子可以选择西葫芦或青豆；第三组不仅可以选择西葫芦或四季豆，并且，如果他们愿意的话，可以回到午餐队伍中排队选择其他蔬菜。所有的孩子都被告知，想吃多少就吃多少（前两组吃同样的蔬菜，第三组可以选择吃任何一种蔬菜）。实验结束后，研究人员称了每个孩子食用蔬菜的总重量。

结果如何？两组可以选择的儿童吃的西葫芦和四季豆的重量都是不可选择组儿童的两倍多。

孩子们需要选择权。显然，无从选择带来的负面情绪比孩子对蔬菜的厌恶更强烈。

自主权

自由、自主和自主权

选择的自由不只是帮孩子多吃蔬菜，更重要的是，生命权、自由权和追求幸福的权利是人与生俱来、不可被剥夺的权利。

但是教育机构经常或公开或隐秘地要求孩子做出某些行为，却不征求他们的意见。今天，孩子几乎没有决定他们在学校里做什么、什么时候做、怎样做，以及最终他们想成为什么样人的自由。课程是预先设定的，授课方法是预先设定的，教学环境是预先设定的，教学评估是预先设定的。难怪孩子会觉得无聊。可想而知，用这种“由别人来替他们决定”的方式进行学习，并为未来做准备，孩子长大后将很难驾驭成年人世界的生活，因为成年人的世界要求他们自主地学习，以便在快速变化的环境中掌握技能。

所有这一切都是以教育的名义进行的，目的是让孩子成为成功的人。换句话说，人们认为侵犯孩子的自由权利是“为他们好”。它的前提是假设孩子非常不成熟，不知道什么对自己有利，或者他们做的事未必对自己有利。或者孩子不知道什么是值得学习的，不愿意或没有能力学习值得学习的知识。

研究表明，这些理由都不成立。孩子天生就会学习，学习是人类生存的核心。孩子想学习，也能学习。他们也有能力组织和管理自己的学习。研究还表明，剥夺孩子自主权的专制型养育和教育对学习是有害的。当孩子被剥夺了选择的机会时，他们就不愿意参与，缺乏能动性，出现低自我效能和反社会行为，并可能丧失自主的兴趣。最终，他们变得依赖于别人替自己做选择。

自主不仅仅是一种权利。一个多世纪以来，心理学和特殊教育的理论和研究一直强调个体自主和个人自主的重要性。重要的不仅仅是自主的权利，还有动机和质量，是它们使年轻人能够自愿地行动，让自己的行为决定自己的生活。自主的含义是什么？当年轻人能够自己做主时，他们：

- 是自己生活的表演者，在创作自己的生活，并促使其变为现实，而不是由他人或环境用其他方式促使他们行动。
- 能为实现目标主动寻找机会和积累经验，提高生活满意度，塑造自己的世界，改善自己的生活。
- 能更加积极主动地学习，保持积极的心态，不消极焦虑。

最终，为了让年轻人更好地适应 21 世纪的社会，学校必须培养学生对学习的自主性，促进自主学习，用这样的做法取代传统的教育方法。在本章中，我们将把自主作为动机进行研究，以理解孩子“为什么”需要自主学习。在第 3 章中，我们将把自主作为自我掌控因素，以更好地理解“如何进行”自主学习。

人类具有自主动机

教育者希望学生能够自我激励、积极参与。自主型年轻人行动自主，能够进行自我（或内在）激励。自我决定理论（Self-Determination Theory）是理解自主动机最有力的方法之一，该理论由理查德·瑞安（Richard Ryan）和爱德华·德西（Edward Deci）提出，他们是过去半个世纪最有影响力的两位动机心理学家。下面的“理论与研究”部分对自我决定理论进行了更深入的探讨。

Teaching Students to Become Self-Determined Learners

理论与研究

自我决定理论

依据动机来自内部还是外部，自我决定理论将其分为自主和受控两种类型。自我决定理论关注的核心是促进或阻碍人类繁荣的社会条件，重点研究促进个体发展活力、动力、社会融合和幸福感的内在因素和社会环境因素。

自我决定理论提出，人们有动机采取行动以满足三种基本心理需求：自主、能力和归属。满足这三种基本心理需求的行动激发了自主动机的发展，包括内在动机（做一项活动是因为它令人愉快）和内化的外在动机（无论活动本身如何，做一项活动是因为它能够带来有价值的结果）。自我决定理论解释了为什么人们的行为方式基于内部因素，如兴趣、偏好、价值观和信仰，以及为什么人会追求有价值的目标。为实现自主、能力和归属等基本心理需求的努力能够促进自主（内在）动机的发展，同时使人们充满活力。

自主。自我决定理论将“自主”一词用于不同目的：作为最佳动机状态（比如自主动机）和基本心理需求，自主意味着行为体现出意志、意愿和一致性，还意味着完全认可和赞同自己所做的事。

当一个人按自己的意愿进行选择时，对自主的基本心理需求就会得到满足。自主行动是在自我认可并符合个人的价值观和利益的情况下产生的。

能力。能力是指一个人需要在环境中保持高效的行动。对能力的心理需求促使人们参与具有挑战性的行动，并坚持做出这些行动直到成功。

这种需要不是指技能或技能水平，而是指一个人对能力的看法和在自己所处环境中对能力的掌握程度，以及感知到掌握程度和效率提高。

归属。归属指的是人们感到与他人有联系并有社会归属感。它不是指生理上的关联性，而是指一个人心理上的归属感，那种被关心和与他人建立良好关系的感觉。

自我决定理论认为满足自主、能力和归属的基本心理需求就会产生自主动机。

孩子是天生的学习者。他们天生好奇，试图探索自己所处的环境，并由此了解自己和他人。而且，根据自我决定理论，人类天生具有自主动机。教育者的角色是创造一种让学生可以自主学习的环境。

冰岛的神奇学校

以上所讲的这些基本的心理需求，不仅仅停留在抽象的理论建构层面，还能够为构建实现学生的自主性和自主学习的学校发挥作用。在冰岛，有一所围绕着学生的基本心理需求而建立的学校，它专为热爱体育的八至十年级学生创办。学校环境、组织架构、课程和教职工培训都以自主支持、能力支持和归属支持为中心。这所学校叫 NU，这个词在冰岛语中是“现在”的意思。不过它的创始人克里斯特扬·奥马尔·比约恩松（Kristjan Omar Bjornsson）和他的教职工不认为这是一所学校，至少不是传统意义上的学校，他们把它看作一个促进成长的工作室。这所学校依据学生的生物钟来确定作息时间，没有固定的时间表，取而代之的是针对每个学生制订的个性化的时间表。这里没有家庭作业，几乎没有特定科目，没有很多课本，没有传统的教室，只有几张桌子和几把椅子。站立式桌子和瑜伽垫散落在各处。

冰岛大学的研究人员英吉布乔·卡尔达洛尼（Ingibjorg Kaldalóns）对 NU 进行了研究，尽管 NU 采用了非传统的教学方法，NU 的学生仍然必须完成国家规定的课程，并参加强制性的标准化测试。卡尔达洛尼记录了 NU 的教职工和组织架构是如何支持学生满足自主、能力和归属这三大心理需求的。

实现自主需求的形式是，学生几乎可以对一天中的每一件事做出自己的选择，包括什么时间做什么、去哪里、什么时候开始和停止，以及与谁一起工作。每周都有**兴趣时间**，这时学生可以做任何他们喜欢的事；还有**自省时间**，鼓励学生自我反思和自我了解。每个学生都有自己的个性化学习计划，内容与学生的兴趣、偏好、价值观和信仰有关。教职工避开典型的由学校主导的形式，而由学生参与制定规则和管理学校，他们掌控着自己的学习和学习环境。

找到学生的爱好是促进自主的一个重要因素。NU 吸引了一批热爱体育的学生，他们的学习活动都与这种爱好息息相关。卡尔达洛尼观察到，当学生们学习科学时，课程内容与运动有关，确切地说都与体育有关。当学生们学习英语时，他们选择了与体育有关的书籍和学习材料。运动已经成为日常生活的一部分，而不仅仅是学习的内容！学生在每个小时内都会活动身体，比如倒立或伸展运动，他们还会从站着学习变成坐着学习或躺着学习。自省时间也与运动有关，利用正念和冥想来想象自己实现目标。

实现能力需求的方式是强调个人优势经验：学生参与的是与其能力相匹配的挑战，这样每个学生都能掌握教学内容的某些方面。测试用于提供反馈，而不是评价。学生通过实现目标的过程而非结果得到认可。活动材料和教学内容与学生的优势和兴趣相匹配。

实现归属需求的方式是参加每年秋天为期 4 天的静修，这期间学生和教职工聚在一起，共同分享经验。教师用积极、鼓励的方式与学生沟通，并看到他们的努力和进步。学生与同龄人和教师一起进行这些活动，来学习团队合作和团队建设。

NU 非常新颖，而且非常符合其名称的含义。现在说它能够一直成功下去还为时过早，但该校的每一个学生都表示并不觉得无聊，且对自己的“工作”充满热情。

仅凭这一点，大多数教育家都会同意，这是一次成功的实践！

对自主与选择的思考

在自主学习中，教师教导并支持学生自学。学生高度自主，教师将学习的自主权交给学生。那么，“将学习的自主权交给学生”到底意味着什么？这当然不意味着学生们在没有支持和指导的情况下漫无目的地自学，也不意味着教师自身在教育过程不再拥有自主权。自主学习强调自主和选择，这些词的含义值得我们深入探究，以便更深入地理解自主学习。

独立与依赖

大多数人一想到“自主”这个词，都认为它意味着独立。在儿童发展方面，我们经常谈论从青春期到青年期的过渡，孩子们在这一过渡时期发展出了更大的自主性和独立性，不再“依赖”父母。独立自主的反面即是依赖，追求自由和独立的价值观根植于美国社会和许多其他社会中。

然而在自主学习中，说学生是高度自主地学习，与说学生是独立地学习，含义并不完全相同。当然，自主学习意味着教育者要教学生尽可能地独立学习。教师为学生安排一个能促进学生做出学习选择的环境，并着重引导他们的学习方向。但是，如果只把自主学习看作独立学习的同义词，则存在局限性。

如果学生自学有困难怎么办？如果有些科目只能由那些具备相关知识的人教授怎么办？如果学生不想学教师认为他们需要学的东西怎么办？如果学生认为他们必须学习的东西很无聊，只想做他们认为有趣的事情怎么办？学生们能找出一大堆理由不学那些本来就无趣的东西。然而，作为成年人，我们知道学习这些东西能让学生取得重要且有益的成果，这就是为什么我们不能把自主仅仅看成独立，哪怕认为它主要意味着独立都不可以。

自愿与被迫

除了独立，还有另一种看待自主的方式。回想一下自我决定理论是如何运用自主的。在《青少年发展中的自主》（*Autonomy in Adolescent Development*）一书中，比利时心理学家巴特·索恩斯（Bart Soenens）及其同事观察到：

> 当人们自发地被激励，他们会自愿参与活动。这是因为活动本身令他们感到满足而且愉快（即内在动机），或者因为人们找到了参与活动时的自我价值感……因此，即使一项活动本身令人不愉快或很有挑战性，人们仍然可

以因为内心认可其重要，从而产生自主性并表现出自主动机。

“自主”又出现了，但这次是与那些令人不愉快的活动有关，就像本章开篇提到的吃蔬菜。

把自主理解为自愿，这让我们思考自主学习时避免“自主就是独立”所产生的局限性。通过支持学生参与他们喜欢并对他们有价值的活动，能让学生在学习这件事上产生自主性。索恩斯和他的同事观察到：

> 独立主要指青少年在多大程度上依赖他人以及谁在主导他们的行为或目标，是父母、青少年自己还是双方共同。相反，自愿更多指的是人内在的和谐，也就是说，它是关于行为或目标在多大程度上与自身固有的价值观、偏好和兴趣一致。

自愿这个词有点像自治。我们自以为知道它的含义，但当我们更仔细地审视它时，其含义变得更加丰富了。我们把自愿仅仅当作是基于偏好或兴趣的行为。但是看看这个词的定义，你会得出一个稍有不同的理解。自愿是基于有意选择而产生的行为。有意，表明行动者有意识也有意向。当学生做出出于自愿的行动，他们的行动基于自己的偏好和兴趣，但也有意向。有意向意味着目标导向，因此，自愿行为是基于个人偏好、兴趣以及所追求的目标才做出的。实现目标的活动可能并不令人愉快，但目标本身是有价值的，而且基于个人兴趣和偏好。

在一场你期待已久的音乐会上坐 4 个小时，和为了取得教师资格证而参加培训坐 4 个小时，两者的感受是不同的。但是，它们都是自愿行为。参加音乐会本身就令人感到非常满足愉快。完成培训并不一定令人愉快，但它体现了个人价值和意义，有助于实现你的教师事业这一更大的目标。

强调独立的自主和强调自愿的自主，并非两个毫无关联的概念。索恩斯及其同事指出："独立为自愿提供了相对更大的空间，可能是因为它为表达个人偏好、价值观和兴趣提供了更多的机会。"

因此，自主学习中的"自主"意味着学生在学习中拥有独立性，以及在此基础上做出的自愿行为。他们之所以有学习动机，是因为学习的任务或目标对他们来说是愉快的（即内在动机），或者因为学习提供了表达学生个人偏好和价值观的机会，并且与学生的个人偏好和价值观相一致。他们能找到参与活动的个人价值，即使这些活动不是特别令人愉快或具有挑战性的。

自主与选择之间有着细微的差别。选择看起来只是在选项中（比如西葫芦或四季豆）挑出一个心仪的，但你知道这没那么简单，理解选择的复杂性将有助于你进一步理解我们所说的自主学习。

选择与自主

想想你在日常语言中是如何使用“选择”这个词的。例如，“有一家手机厂商提供了更多机型的选择”“我们必须接受自己做出的选择”“早餐麦片种类太多了，不知该选择哪种”“选择权是美国人的一项基本权利”。

上面这些“选择”的含义略有不同。

研究选择的心理学家提出“选择”有三重含义。第一重含义是指环境在多大程度上为人们提供了选择的机会，比如上面例子中的手机厂商提供的机型选择和我们作为公民的选择权，它们反映的是在这种语境下选择的含义。第二重含义是指一个人从两个或多个选项中进行选择的实际行为。心理学家对产生选择行为的心理动机很感兴趣，因此，选择的第三重含义是指对选择的感知，即“有机会选择或是有选择余地的主观体验，以及选择时的自由体验”。

选择行为的产生几乎总是取决于有多少可供选择的选项。因此，我们可以把这两个因素结合起来，进一步探讨选择行为和对选择的感知。

选择行为。选择行为就是选中某一个选项而不是其他选项的行为。表面上看，这正是本章开篇提到的西班牙研究人员的研究内容，他们的实验揭示出拥有选择权能够激励孩子们多吃蔬菜。

选择行为与强调独立的自主相关联，也与强调自愿的自主相关联。研究表明：为学生提供与任务相关的选择权可以增强学生的自主性、兴趣、推行任务的乐趣和对任务的坚持度，并提高任务所体现的价值以及学生的努力程度、参与度、成绩，以及后续的认知能力。

然而，重要的只是选择行为吗？当然不是。当你面对超市过道上堆满的早餐麦片盒时，不仅没有提高选择的自主性，反而感觉像是一种负担。还有我们大多数人都会联想到的“霍布森选择”（Hobson's Choice），即毫无选择余地。霍布森是16世纪英国剑桥的一位牧师，同时他也是一位卖马的商人。事实上，他是剑桥大学城唯一一位卖马的商人。这位虔诚的牧师的马厩里有很多匹马，但顾客只能在第一个马厩里挑选。为什么有这种规定？你猜对了：因为那里只有老马。后来，霍布森选择不仅指“要么接受要么不接受”的选择，还指所有选项都很糟糕的选择。

事实上，选择之所以能促进自主性、能力和参与性，一个因素是人们意识到选择促进了个人偏好的自由意识的表达，并引发或约束选择者自身的行为。霍布森牧师所在教区的居民可能从来没有从自己的“选择”中感知到一点自由的味道！对选择的感知和选择行为本身一样重要。

对选择的感知。选择是增强了自主性还是限制了自主性？哪些因素决定了我们这种感知？起决定作用的不只是选择本身是否重要，因为那些不太重要的选择也被证明能促进自主性。起作用的也不只是选择是否来自有趣的事物。事实上有研究表明，在没有内在动机的任务中做出选择，比在有趣的活动中做出选择产生的自愿感更多。在前一种情况下，即使任务平淡且乏味，但因为你在选择中表达了自己的偏好、价值观和兴趣，完成任务的自主性依然被增强了。而在后一种情况下，你的兴趣、偏好和价值观已经被表达出来，所以增加选择的机会不会使自愿感产生太大变化。

想想那个关于吃蔬菜的实验吧。有更多选择的儿童吃的蔬菜更多，因为选择让他们在一项本身并不十分受欢迎的活动中加入了个人偏好和兴趣。如果是用冰激凌来做这个实验，那么是否有选择权则不太可能影响三组孩子吃冰激凌的量。

营销界人士知道选择是如何刺激我们的。在一系列互相关联的研究中，密歇根大学的研究人员研究了哪些因素使大学生们在喝咖啡时做出更令自己满意的选择。研究人员在被试可选择或不可选择的条件下（例如，被试能否选择喝哪杯咖啡），将高差异性的选项与低差异性的选项，诸如果味、发酵、花香等咖啡口感属性上的差异大小进行了比较。然后，他们测量了被试对所喝咖啡（自选或被随机分配一杯）的满意度。当各种饮品之间的差异程度较低时，不可选择组和可选择组对饮品的满意度一致。然而，当差异程度比较显著时，可选择组比不可选择组更满意。

换言之，如果选择的各个选项间缺乏**有意义**的差别，那么选择并不能促进自主。如果只是选择的行为本身导致了自愿意义上的自主，那情况就不是这样了。这表明，我们认为选择有意义是因为它体现了我们的自我意识。研究表明，强迫性的选择不会促进自主性、能力或参与性。

南加州大学研究人员埃里卡·帕特尔（Erika Patall）的研究显示了前面这些议题是如何影响学校里另一个备受争议的话题，也就是家庭作业的。

化学、世界史、心理学和地球科学课上的高中生被随机分配到家庭作业可选择组和不可选择组。可选择组的高中生可以从两份相似的家庭作业中选择一份完成。作为对照，不可选择组的学生的作业则自动与可选择组的学生一样。这样，两组学生完成的家庭作业数量完全一样。对所有学生完成作业的要求和交作业的截止日期也都是一样的。接下来，两组学生交换组别，重复执行这个流程。

当学生可以选择家庭作业时，他们表示完成家庭作业的内在动机（自主性）更高，完成家庭作业时能感知到自己有更高的能力水平，并且他们在相应的单元测试中成绩更好。

选择是一种有魔力的圣水，对吗？就像前面提到的家庭作业和吃蔬菜实验。

不过，这个故事还包含了更深层的道理。帕特尔和她的同事还收集了学生感知到的教师给他们选择的程度及他们感知到的教师支持学生自主的程度这两组数据。数据说明，学生的内在动机和感知到的教师支持学生自主的程度，完全是由他们感知到的教师给了他们多少选择来决定的。

选择很重要。但是，正是对选择的感知使选择行为支持了自主。本质上，选择是一种对过程的重视多过对任务本身的主人意识，是一个将自己的价值观、信仰、兴趣和偏好注入最寻常的任务中的机会，并且只有当选项间的差别有意义时才能带来这种掌控感。

意义与目的

从很多方面来说，在自主学习中，意义比做选择的过程更重要。对学习感到无聊的学生经常把做的事没有意义当作他们无聊的理由，这也是他们学习成绩不佳的原因。《目标之路》（*The Path of Purpose*）一书的作者，斯坦福大学社会心理学家威廉·达蒙（William Damon）说："相比任何特定的行为标志，如通过测试、赢得奖品或获得人气，甚至是表现出的总体幸福程度，年轻人努力的方向和意义更为重要。"

教师经常对学生缺乏学习动力表示担忧，但缺乏学习动力的根本原因是什么呢？学生们有很强的动力去做他们感兴趣和喜欢的事情。那么到底是学生没有被激发兴趣，还是学校没有激发学生呢？

有关积极心理学和幸福感的研究已经证实，增强幸福感的一个强有力的因素是找到生活的意义。生活的意义和活动的意义重要吗？凯利全球劳动力指数（Kelly Global Workforce Index）2009年收集的来自世界各地的劳动力和工作场所的调查数据表明：如果工作重要或有意义，全球超过一半的工人会接受较低的工资或担任较低级的职务。

我们已经看到，有意义的选择会提升自主意识并让人感知到更高能力水平。为什么？有一个原因，当一项活动对我们有意义时，我们更有可能追求它、参与它，并掌控它，从而感觉到更多自主、能力、满意度和幸福感。心理学家马修·本迪克（Matthew Bundick）这样说：

> 认为一项活动有多大意义，能反映出参与这项活动在多大程度上允许一个人将自己的天赋和技能付诸行动，实现有价值的目标，并运用自己对环境的掌控能力。

因此，活动的意义与自愿程度和对能力的感知相关联。正如本迪克指出的，一名高中生进行社区服务活动，可能因为他关心社区服务，想参与社区活动，或者因为他认为这样做才能有一个好的履历来申请大学。尽管行为可能是相同的，但是前者是有意义的，后者却并非如此。积极心理学的研究表明，只有当慈善或亲社会行为是自愿的，并且具有自主动机时，才会产生幸福感。

芬兰哲学家弗兰克·马泰拉（Frank Martela）和自我决定理

论的研究人员研究了何为“意义”，并将它与自主、能力和归属这些基本心理需求联系起来。如何判断一种行为是否有意义，要看它是否是善意的，是否能满足三种基本心理需求。换句话说，当我们充满善意地行动，只要觉得能切实帮助别人，就满足了对能力的需求；只要觉得与他人的联结更多，就满足了对自主的需求；只要亲社会行为是自愿的和自主的，就满足了对归属的需求。继而我们会感觉到，我们的行为和自我都充满了意义。

自主学习与学生的自主性

那么，说了这么多，为什么教育者应该接受孩子的自主性并鼓励他们自主学习呢？本章结尾的“从研究到实践”总结了为什么孩子需要自主学习以及其理论解释。在第 3 章中，我们将对如何让孩子产生自主性以及如何进行自主学习做深层次的研究。

Teaching Students to Become Self-Determined Learners

从理论到实践

为什么孩子需要自主学习

教育系统通常预先决定课程、教学方法和评估的方式，因为成年人认为孩子：

- 非常不成熟，不知道什么对自己有利。

- 没有能力做对自己有利的事。
- 不知道什么值得学习。
- 不愿意或没有能力学习值得学习的知识。

但事实并非如此。孩子们天生就是学习“机器”，他们想要学习，并且能够组织和管理自己的学习。他们天生好奇并试图探索周围的环境，他们希望了解自己和他人。

教育者要利用孩子的这些天性，强调自主和选择，激发他们学习的动力。这并不意味着孩子要在没有支持和指导的情况下漫无目的地学习。教育者可以通过下面这些方式把学习的自主权交给学生：

- 支持学生参与对他们有价值并且他们自愿参与的活动。
- 为学生提供选择机会，让他们看到自己的选择有利于他们的教育。
- 将学习与有意义的活动联系起来。
- 创建能够增强学生好奇心和经验的学习团体。

通过下列方法，自主学习可以激发因拥有自主权而产生的能量，激励孩子学习：

- 教学生自学。
- 教学生如何设定和实现目标并制订计划。
- 创建学习团体，使用重视学生好奇心和经验的教学方法。

- 确保学习与具有内在激励作用的活动相联系，它能实现有价值的，基于学生偏好、兴趣和价值观的目标。
- 强调对经验的掌握，使用教师导向和学生导向式的评估方法提供支持性反馈，并根据学生的优势和能力调整教学。
- 为学生提供选择机会，支持自愿行为，强调实现目标的过程而不仅仅是结果。

当这些条件具备时，学生就会主动去学习，因为学习对他们来说有意义而且对他们个人有价值。他们自发自愿地行动，因为他们有了有意义、有差别以及支持自主的选择。

03

如何促进孩子自主学习

Teaching Students to Become Self-Determined Learners

吉朗（Geelong）是澳大利亚维多利亚州一座繁华的城市，位于墨尔本西南约 120 千米处，在菲利普港的海岸道路沿线。这座城市的名字来源于当地土著人的语言，指的是使吉朗成为旅游胜地的悬崖和令人惊叹的海岸景观。近年来，这座城市的名字也与教育创新联系在一起。吉朗文法学校成立于 19 世纪中叶，是当今澳大利亚乃至全世界最具创新性的学校之一。

吉朗文法学校有 1 500 多名 3 ～ 18 岁的学生，其中一部分学生住校，另一部分学生走读。学校全体教职工都接受了积极教育的培训。这种教育是积极心理学在教育中的应用，它关注希望、乐观、幸福、适应力等因素。学校的教学模式包括 6 个方面，所有活动都集中在这 6 个方面：积极关系、积极情绪、积极健康、积极参与、积极成就和积极目标。

人们很容易通过吉朗文法学校的课程安排和组织架构感受到学生的自主性和自主学习。其中有几个方面与我们在第 2 章中讨论的问题直接相关：积极关系强调的是增进人际关系的社交和情感技能；积极参与强调学生兴趣、爱好和好奇心的重要性；积极成就强调努力取得对学生有意义的成果；积极目标强调对他人和社区的贡献，从而增强意义感。

吉朗文法学校是澳大利亚官方认证的学校，因此必须符合澳大利亚政府教育和培训部的要求，其学生的学业成绩也确实非常好。在参加符合澳大利亚课程、评估和报告机构要求的国家评估计划的所有年级学生中，98.3% 的学生在阅读、写作、拼写和算术方面至少达到了国家最低标准，远高于澳大利亚同类学校的平均水平。每年都有几名毕业生获得对学术水平要求严格的国际文凭。吉朗文法学校实行非选择性招生政策，也就是说，它的招生面向所有学生，不论其能力如何。考虑到这一点，这些成绩就更加令人印象深刻。

尽管吉朗文法学校的学生在考试中表现出色并取得了学术荣誉，但从某种意义上说，与学生在其他方面的表现相比，这些并不算什么。墨尔本大学的一项研究发现，相比其他学校的学生，吉朗文法学校学生的心理更健康、也更幸福；更有能力实现自己的目标，而且更自信；能够运用多种提高幸福感的策略来应对日常生活中的事件；更充满希望；拥有更高的生活满意度、幸福感、感激心和毅力。吉朗文法学校通过强调学习的积极意义、利用学生的好奇心和兴趣、建立重要的人际关系，将学习与目标和意义联系起来，使学生取得了成功，吉朗文法学校更喜欢称这种成功为“茁壮成长”。作为教育者，我们该如何将自我决定和自主学习这些要素融入每一所学校，而不是少数几所学校？

在本章中，我们将概述自主学习的方式，包括自主支持、能力支持和归属支持，以及它们的重要性。我们将在第4章深入探讨如何为实现自主学习提供条件；我们将在第5章阐述促进自主学习的一些具体策略。

作为自我掌控的自我决定

我们在第2章讨论了作为一种权利的自我决定和作为动力的自我决定。这个词的两种用法都说明了为什么要促进自主学习。而为了了解如何促进自我决定，我们需要探索这个词的第三个含义：作为自我掌控的自我决定。自我决定这个词，源于几个世纪以来哲学和心理学的讨论（见“理论与研究”部分），与人类动因有关。

Teaching Students to Become Self-Determined Learners

理论与研究

哲学与心理学中的自我决定

自我决定这一概念产生于17世纪和18世纪的英国理性主义时代。这是一个思想解放、革命、质疑权威、科学突破和进步的时代。正是在这个争取人类自由和社会变革的思想大熔炉里，自我决定的概念诞生了。英国哲学家约翰·洛克（John Locke）在其1690年发表的非常有影响力的著作《人类理解论》(*An Essay Concerning Human Understanding*）中创造了这个词。洛克从哲学层面解决了自由意志问题。

简单来说，自由意志是一个决定论的问题。决定论认为“在任何时刻，过去和自然法则共同决定了一个独一无二的未来”。也就是说，我们未来的行为是由我们的过去和自然法则决定的。对洛克和他的追随者来说，这意味着人类可以决定什么事会发生在自己的生活中，一个人是谁、做了什么并不是被预先决定的。

20世纪30年代，人格心理学创始人安德拉斯·安吉亚尔（Andras Angyal）提出人类的一个基本特征是自我决定。安吉亚尔观察到，人们生活在这样一个世界里，从有机体角度来看，事情是按照他律（如由外部因素支配）进行的，并且就像其他任何自然对象一样，服从于物质世界的法则。只有一点例外，人们可以通过自我决定对抗外部决定。安吉亚尔运用了启蒙哲学家的决定论概念来解释人类如何影响自己的生活。

安吉亚尔的自我决定理论与他因决定理论观点一起影响了德西和瑞安的自我决定或内在（相对于外在）动机理论。从20世纪初的社会工作到20世纪后期的教育领域，对行为是由自我还是他人引发的研究推动了应用学科研究和理论的发展。

能动性

人的能动性是指人们为实现目标和预期结果，在生活中采取行动的能力。它指的是个人赋权意识，包括了解并拥有实现目标所需的一切。人类动因理论认为人们是其行为的积极贡献者或创作者，在这里，行为是由自我管理的和以目标为导向的。人们通过解决问题、设定目标和发起行动等能动行为来影响环境和生活。

但重要的是不要将能动性与独立行为混淆，这同不要将自愿行为与独立行为混淆一样重要！哈里林·鲁索（Harilyn Rousso）是美国知名的残疾妇女权益呼吁者之一，她用自己的一位艺术家朋友的故事来说明了这一点。这个朋友名叫康妮，出生时患有韦－霍二氏病，这导致她只能控制手臂和腿的部分肌肉。她对艺术充满热情，是一位艺术治疗师，尽管其他人会因为她的身体问题质疑她能否进行艺术创作或协助他人进行艺术创作，但康妮依然充满激情，并且她的事业很成功。

在康妮创作的大部分时间里，她都需要借助很多支撑物作画：一个倾斜的桌架；用于延伸画笔、钢笔或铅笔的长笔杆；一个把手，帮助她握住经过改装的画笔或钢笔；一个带操纵杆的电动轮椅，可以帮助她在作画时移动。然而，随着康妮年龄的增长，即使借助这些设施，作画也变得越来越困难，她越来越依赖一位按照她的指示帮她做这些事情的助手。

质疑她艺术家身份的人认为康妮无法独立绘画，康妮则展示了她如何向不同的助手发出指示来创作出相同的艺术作品，而这些助手在作画和接受指令时彼此看不见。创造了艺术的是她的视觉、艺术感、对颜色和设计的眼光，而不是将颜料涂在画布上的动作。康妮是这样说的：

> 我的助手是我身体的延伸。这一点，需要情感上和精神上都非常坚强的人去理解它，而不是抱怨它。如果我不指挥这个人，我就会依赖这个人。那样的话，我就做不到自主了，最终会变得对助手更苛刻。我很清楚，我不是在为他们做决定，我只是在为我自己做决定。

能动性不等同于独立操作，正如包含自愿含义的自主并不仅仅意味着独立一样。从这一点看，能动性是指让人们能够在生活中**促使**事情发生的行为。

自我掌控

学校为促进学生的自主发展、增强他们的能动性做了很多努力。堪萨斯大学的一组研究人员将自我掌控理论作为描述自主发展的一种手段，为设计和评估学校的这些努力提供了依据。

Teaching Students to Become Self-Determined Learners

理论与研究

自我掌控理论

一个自我掌控者能在自己的生活中创造事情或促使事情发生（自我决定理论相对于他因决定理论）。

自我掌控理论认为，自主、能力和归属，这些自我决定理论描述的基本心理需求激发了自主行为，动机激发了行动。自发行动和满足基本心理需求的努力会产生因果行为序列。这个因果行为序列包括：

- 意志行为。自主的行为，使人能够设定和追求符合自己的偏好、兴趣和爱好的目标。
- 能动行为。自我管理和自我决定的行为，使人能够朝着自由选择的目标前进。
- 行动控制的信念。使人在学习过程中产生作为行为主体的主人翁意识和个人赋权感。

重复体验这个因果行为序列会让人感知到自己是由自我掌控的，并且随着时间的推移，这种体验会促进自主性的发展。

总的来说，自我决定理论和自我掌控理论一起创造了一个理解如何创造学习环境及如何传递教育指导的框架。它们还可以为促进学生自主性、自主行为和自主学习创造机会，并且为学生提供类似于澳大利亚吉朗文法学校或冰岛 NU 学校的体验。

促进学生自主性和自主学习的框架

这样一来，重要的问题就变成了：教育者能做些什么来促进学生的自主性和自主学习？自主学习意味着教师教学生自学，学生学习如何设定和实现目标、制订计划，成为自己学习的主导者。教师将学习的自主权交还给学生并不是放弃所有教学责任，而是要创建学习共同体并且重视学生的好奇心和经验。教师要采用相应的教学方法，确保学生的学习与内在动机或实现有意义的目标相关联，要基于学生的偏好、兴趣和价值观。教师通过强调优势经验、进行评估的方式（既有教师主导，也有学生主导）为学生提供自主支持，并且根据学生的优势和能力调整教学内容，为学生提供能力支持。教师通过提供选择机会、支持自愿学习、强调实现目标的过程而不仅仅是实现目标的结果来提供归属支持。学生的行为是自愿的，因为他们做出的选择是有意义的，具有个人价值，并且这种选择是自主的。下面，我们首先来思考一个问题：为了促进学生自主学习，自主支持型教学应该有哪些特点？

自主支持型教学

当一个人可以选择表达个人意志时，他对于自主的基本心理需求就会得到满足。自主行为是一种自我认可，同时也是符合个人价值观和兴趣的行为。下面是自主支持型教学的一些特点：

- 能发现学生的长处和能力，而不是只关注其不足。
- 能促进学生的意志行为和选择意识，而不是增强学生的依赖心理和压力。
- 能利用学生的爱好和好奇心，而不是从众心理和标准化。
- 能促进学生学习的能动性和自主性，而不是遵守和服从。
- 能通过意义和目的来创造学习的价值，而不是成绩和测试。

创建自主支持型环境

人们想到学校教室时，脑海中会出现什么？他们可能会描述一个有黑板的房间（如果这个人年轻一点，也可能是白板），几个用来存放教材的高大木柜，教室前面或后面放着一张教师桌，一面旗子插在门附近的墙上，前面有讲台，有一面能看到球场或操场的窗户，课桌朝着教室前方排列。

上述描述非常接近“传统”教室。20 世纪初期的教室就是这个布局，21 世纪初期的也一样。然而，有些读者可能还记得 20 世纪 60 年代末和 70 年代的“开放课堂”运动：没有围墙、开放的空间和以学习为中心，就像“权力归花儿”[①]时代还给我们带来了普卡贝壳[②]项链、裸奔者和休闲套装一样。但“开放课堂”运动已经过时，墙壁被再次建起来，书桌摆回原样，黑板重新挂到墙上。为什么？开放式的教育环境嘈杂、混乱，批评人士认为它让人分心，老师们纷纷抵制。20 世纪 80 年代和 90 年代，教育政策的重点转向了强调标准化课程、注重基础知识和高风险测验。

我们所说的自主支持型教室是这样的吗？没有墙壁，没有桌子，学生可以去任何地方，做他们想做的事情？是，也不是。斯坦福大学名誉教授拉里·库班（Larry Cuban），在哈佛大学肯尼迪学院教育政策和管理项目的电子期刊《未来教育》（*Education Next*）的一篇文章中谈到了学校教学环境理念的潮起潮落，包括传统的学校，以及像没有围墙的学校一样的进步主义学校。他说：

> 由于儿童的动机、兴趣和背景各不相同，而且学习不同学科的速度也不同，因此，无论是传统教学还是进步式的教学，都永远不会取得成功。事实上，没有任何一种方法可以适用于所有情况下的教与学。学校教学方法应该将

① “权力归花儿”（flower-power）是 20 世纪 60 年代末至 70 年代初美国反文化运动的口号，由美国垮掉派诗人艾伦·金斯堡（Allen Ginsberg）提出，主张以和平方式反对当时的越南战争。嬉皮士们身穿色彩鲜明的衣服，头上戴花，并且向市民派发鲜花。——译者注

② 夏威夷海滩上一种天然珠状贝壳。——译者注

两者有机结合。聪明的教师和校长应该精心构建适应学生多样性的多样化的教室和学校。每一代决策者、教育者和家长都应该吸取前人的经验教训。

想一想 NU 的教室是什么样的。在那里，开放式教育的影响是显而易见的。几乎没有传统的书桌，而有很多站立式桌子、工作台和垫子，移动设施是学校硬件的一部分，但这样布置并不会导致混乱。因为当孩子们参与学习的动机被自动激发时，对学习的投入度和参与度就会取代混乱。但是，不是每所学校都必须通过拆掉墙壁、门或走廊的方式实现学生自主，吉朗文法学校的教室就相当传统。尽管人们依然记得传统的教室，甚至像《死亡诗社》(*Dead Poets Society*) 这样的影片还强化了人们对教室的刻板印象，但今天许多学校的教室，特别是小学教室，都布置有工作台、学习中心和阅读区。这就是库班所提倡的传统和进步式教学相结合。从本质上说，环境支持之于自主学习课堂的重要性，就像墙壁、门或桌子之于传统教室一样。

在纽约长岛的鲍德温学区，教育部门官员和教师得出的结论是，传统教室的布置方式扼杀了合作、创造和冒险的机会。但是，教育部门官员没有采取一刀切的方法，而是请教师和学生贡献切实可行的想法。例如，安·玛丽·莱纳姆（Ann Marie Lynam）的七年级社会研究教室要满足她对流动性、灵活性和多样性的需求。因为她班上有各种各样能力和背景的学生，有学业成绩优秀的，也有接受特殊教育的。《赫金格报告》（*Hechinger*

Report）[①] 这样描述莱纳姆的课堂：

> 教室不分前后，一切都可以转动，就像一个“天才吧”[②] 或一间苹果专卖店。教室里配备了可同时坐 6 名学生的肾型桌子。为了方便学生讨论班级作业，教室的其余课桌按组排列，每组都有一个舒适的脚凳和带靠背的软垫座椅，学生可以自行选择座位。如果都不满意，学生还可以坐在沙发上。莱纳姆相信他们会做出最适合自己的决定。

在鲍德温学区的另一间教室，幼儿园教师特里西娅·怀尔德（Tricia Wilder）布置了一个剧院角，方便学生表演他们从书上或课堂上了解到的故事。教室里摆满了笔记本电脑、电子书、触屏电视，当然还有平板电脑，所有电子设备都是为了给予学生更大的自主权，以及增强他们的自我导向。这个设计要求怀尔德放弃一些控制权并认可学生可以躺在沙发上听故事，而不是必须盘腿坐在地毯上，目不转睛地看着朗读者。

鲍德温学区重新设计的 17 间教室，每一间都是独特的，但都体现出强调选择机会、学生自我导向和学生对学习的自主性的特点。那么为增强自主支持而重新设计教室的这个决定，教育部门是否感到满意呢？答案显然是肯定的，因为教育部门的预算在一年内进行了 47 次调整。

---

① 一家非营利性新闻网，报道教育领域内的不平等和创新。——译者注

② 苹果零售店为顾客提供售后服务的地方。——译者注

那么，教师又应当如何创建自主支持型环境呢？下面是一些基本原则：

- 设计和布置教室的目的是最大限度地提高学生行动的积极性和参与度。
- 学生可以轻松获得学习所需的材料或其他资源。
- 创建重视各种不同能力和偏好的学习中心，而不仅仅是某种主题的中心。
- 为所有学生的参与提供硬件支持（如电子书和纸质书、大小合适的桌子）。
- 为学生探索和追求爱好提供专门空间。
- 确保学生在制定课堂规则方面发挥有意义的作用，并让他们在进行探索和承担风险时有安全感。

然而，教育环境不仅仅指实体的教室，它也涉及教学交互的课程设置和教学材料。通用学习设计（Universal Design for Learning，UDL）的一系列理念和实践正是将重点放在了课程和教学材料的安排和设计，以及学生展示知识和技能的方式上。UDL通过设计并使用多种教学材料，为学生提供多种激发兴趣、提升自我管理的方式；通过科技手段和现代教学法提供多种展现教学内容的途径；为学生提供多种进行教学反馈的方式。

以下是采用 UDL 的课堂使用的教学材料：

- 提供的选择要与教学材料及活动的难度或复杂程度相适应，支持学习者自我指导（如怀尔德的幼儿园课堂），并允许学生设定学习目标。
- 提供真实、与现实环境相关并具有明确目标的探索、实验和活动选择。
- 为了确保成功，为学习过程提供自我分析和调整的机会。
- 强调过程和努力，而不仅仅是产出和结果。

UDL 的材料提供了多种灵活的方式来展示和传递信息，如提供多种方式呈现内容（文本、图片、表格信息、数字和视频），让学生控制内容的呈现速度，文本与语音可以相互转换。UDL 的材料为学习者提供了自我管理学习、检测目标实现过程和自我分析的机会。

事实上，所有学生都能从遵循 UDL 理念的课堂中获益。凯尔·雷德福（Kyle Redford）在加利福尼亚州马林县的五年级教室里运用了这一理念。她意识到班级中学生存在多样性，于是为了帮助有听觉障碍的学生，她在班级中安装了扩音器。班上其他学生反馈说，扩音器有助于他们更好地注意到并遵循教师的指导和说明。雷德福还用平板电脑上的文本语音转换软件、电子有声读物和供有视觉障碍的学生使用的在线图书馆的音频阅读器，把所有纸书上的内容转换成了电子版。同样，雷德福发现她的许多学生更喜欢在阅读时听音频内容，或看教室里大屏幕上突出显示的单词。对于有写作困难的学生来说，他们也可以将口述的内容录入设备中，转录功能可以帮助他们学习如何组织句子。

UDL 还改变了雷德福评估教学效果的方式。除了笔试和其他形式的测验之外，她为学生提供了额外展示自己所学知识的方法：表演、说唱或用手机制作一段电影。雷德福这样描述她的经历：

> 我见证了自己如何（不熟练地）采用 UDL 来帮助我所有的学生，而不仅仅是那些有着特殊学习方式的学生。允许学生采用多种方式获取和表达知识，能够让他们更有效地扩大优势，最大限度地减少劣势。

但这些因素并不全在教师的控制之下。学区和学校的政策、教育部门官员的反应，甚至国家政策都会影响教师创造自主支持型环境的能力。如果没有教育部门的推动，鲍德温学区的教师莱纳姆和怀尔德不会有机会重新设计他们的教室。我们将在第 4 章回到自主学习的实现条件这一更广泛的主题。在此之前，让我们先来看看成为一个自主支持型教师意味着什么。

自主支持型教师

自主支持型教学信奉这样的信条：教学不是由教科书引导的，而是由学习者的需求和经验引导的。听起来不错，但我们该怎么做呢？约翰马歇尔·里夫（Johnmarshall Reeve）研究了自主支持型教师的行为及与学生的互动，得出了下面的结论：

> 自主支持型教师在很多方面与众不同，他们更多地倾听，较少用笔记或书这种指导型的教学材料，给学生留出独立学习的时间以及针对学生面临的问题不轻易给出答案。

如何对待学生、如何回答问题与提供什么样的答案都很重要。里夫分析了自主支持型教师与学生的对话，发现他们极少指导，擅长表扬，避免批评，很少给出答案，并且在交流中，倾向于用理解和洞察的方式回答学生的问题。他总结自主支持型教师的特点是反应敏捷、思维灵活、擅于将兴趣作为激发学习的手段。

自主支持型教师：

- 了解每个学生的认知能力、社交能力和情感需求。
- 为学生创造相互了解的机会。
- 开发、维护和使用持续性教学系统，收集学生个人和团队表现的信息，帮助他们在学年中做出明智的分组决策。
- 支持学生进行不同的团队合作，从而实现多样的教学成果。
- 在学习小组里，了解并履行自己作为教师的职责，了解每个学生的能力和薄弱的地方。

- 无论学生年龄和能力水平如何，确保每个人每天都能取得成功和进步，并与学生讨论这些成功和进步。

自主支持型指导

自主支持型教学的前两个要素是如何创建自主支持型环境以及如何成为自主支持型教师，第三个要素是提供自主支持型指导。有些指导策略是显而易见的。我们知道为学生提供选择的机会很重要，教师可以采用下面方法将选择机会融入日常教学：

- 为学生列出学习特定知识或内容可以选择参与的活动。
- 在学生必须参与的活动中为其提供选择机会。
- 增加做选择的环境和领域。
- 提高学生选择对教学成果的重要性。
- 与学生沟通可选择的领域和范围。

吉朗文法学校每天都会提供这些机会。在描述学校的原则时，雅科林·诺里斯（Jacolyn Norrish）指出："对不同活动提供一定程度的选择是一种重要的教学手段，这能使学生产生自愿选择感并支持学生对自主的需求。"吉朗文法学校的教职工知道，提供选择也有助于学生选择符合自身兴趣并能挑战自身能力的活动。当我们谈到能力支持型教学时，会看到最佳挑战的重要性。吉朗文法学校创建的这种教学模式是将选择机会和基于学生优势的教学方法结合起来，其中之一是允许学生从一系列与个人优势有关的工作小组中进行选择，比如能重视他们强项的工作小组或提升他们弱项的工作小组。

自主学习的步骤

哥伦比亚大学教育学院教授丹尼斯·米肖（Dennis Mithaug）及其同事从促进学生参与度的角度研究了自主学习理论及其有效性，如下面“理论与研究”部分所述。

Teaching Students to Become Self-Determined Learners

理论与研究

自主学习理论与参与度

米肖及其同事认为，对参与度相关因素的研究表明，当学生在应对新挑战的过程中收获了最佳体验时，学习效果就会最大化。让我们拆开讲讲这一点，这样就可以确定促进学生自主学习应包括的要素。当学习的过程满足以下两点：

- 学生感知到在某个环境中的学习机会对自己有价值（如产生自我认可并符合自己的价值观、兴趣和爱好），并且是可由自己管理的。

- 学生具备这方面的知识、信念和经验，从而通过管理自我行为取得不同结果（如在生活中能发挥自我掌控作用）。

学生就会融入学习情境，以优化调整并最大化他们的学习成果。

还记得自我掌控理论中，导致自主发展的因果行为序列吗？分别是意志行为、能动行为和行动控制的信念。米肖和他的同事提供了一个操作这些理论的框架，学生可以在这个框架里：

- 为追求个人重视的学习成果而采取行动，期望自己有能力发挥自我掌控性，期望自己采取行动就能成功（行动控制的信念）。
- 自我管理问题解决顺序，根据自己的偏好、兴趣和价值观确立优先级；为缩短已知信息和未知信息之间的差距，根据优先级采取所需行动；设定目标来解决这个差距（意志行为）；为了实现目标，制订行动计划，设计自我监控流程。
- 执行这个行动计划，通过自我监控机制来评估目标进度，并为了实现目标调整行动计划或目标（能动行为）。

根据米肖及其同事的分析，从本质上讲，我们可以认为自主学习包含三个步骤：

- 学习者自发采取行动，设定目标，并在符合自身利益和爱好的情况下取得想要的结果。行动本身可能具有内在激励作用，也可能没有特别的激励作用，但却能带来有价值的结果（如第 2 章中音乐会与培训的例子）。
- 学习者自我管理计划，为实现目标制订行动计划，并设计方法衡量自己的目标进度。
- 学习者利用收集到的信息评估自己的进步，并在必要时调整计划或目标。

米肖的这项研究旨在教会教师如何支持学生自主，从而提高学生对自主支持的认知。此外，瓜伊·莱萨德（Guay Lessard）及其同事证实，教师提供的自主支持越多，学生参与任务的程度就越高。研究成果清楚地表明，从三年级到八年级，学生的内在动机在缓慢但稳定地逐年下降。加拿大的一项大型研究在 9 ～ 15 岁的学生身上也发现了同样现象，但这项研究还发现了一些令人惊讶的现象——18 岁前后，学生的内在动机略有增长。为什么？这与学生在高中有更多选择有关。虽然还不足以解决无聊引发的问题，但这是一个很有希望的发现。

能力支持型教学

自我决定理论提出的第二层心理需求是能力需求，这是指一个人需要被周围人认为是有价值的。学生需要相信自己是有能力的，是可以胜任某些工作的。这一点看似不言而喻，但班上的每个学生都有这种感受吗？如果参照常规模式的、标准化的教育方式来衡量学生，势必有一半学生的成绩低于平均水平，这个信息是在暗示学生他们没有能力。对能力的心理需求促使人们做有挑战的行动，并坚持下去直至成功。如第 2 章所述，这种心理需求不是指技能或技能水平，而是指一个人对能力的看法和在自己所处环境中对能力的掌握程度，以及感知到自己在掌握程度和效率方面能够有所提高。

如下面“理论与研究”部分所述，当我们考虑促进能力认知时，研究告诉我们三件事。

理论与研究

能力认知提升研究

关于自我决定理论提出的基本心理需求的大部分研究，都与自主的基本需求有关。瑞安和德西认为：“在任何时候，对自主的需求都不比对归属或能力的需求更重要，而在大多数情况下，支持自主将作为一种背景因素，对个体主动满足自己所有需求发挥关键作用。”

这意味着，从本质上讲，能力支持型教学是以自主支持型教学为基础的。当你设置情境并且进行自主支持型教学和指导时，能力支持型教学的基础也就建立好了。

内在动机和影响能力认知的最佳挑战之间存在直接关系。在自主学习的框架内，当学生在应对新挑战并收获最佳体验时，学习效果最好。自我决定理论的研究表明，受内在动机激励的人会选择自己的最佳挑战任务（发生在自主支持或自主感知的背景下），并且当他们自愿承担这种任务时，会感觉到自己的能力是长久维持内在动机的原因。

此外，成绩目标与掌握目标对能力认知的影响不同。掌握目标是为了提高一个人的知识、技能或能力而设定的目标。成绩目标则倾向于让学生将自己的成绩与他人或标准成绩进行比较。研究证明，成绩目标可以提高学生的学业成绩，而掌握目标不但可以提高学生的学业成绩，还能增强他们的幸福感。其中，自我决定理论的作用是，当学生自主设定掌握目标时，他们将投入更高的参与度，并收获更积极的学习成果。

教师除了支持学生受自主驱动设立掌握目标外，还可以提供能力支持。这一支持也是基于学生的掌握度，而不是常规模式或标准化考试的反馈。

此外，能力认知需要自主支持的环境、教学和干预。能力认知支持了学生选择最佳挑战，而最佳挑战同时又促进了能力认知，帮助学生设定掌握目标，积极参与最佳挑战的学生提高了自主动机并提高了能力。米肖及其同事的自主学习理论有助于明确自我决定理论的这些发现是如何适用于我们的自主学习框架的。要想提高能力，学习需要符合以下原则：

- 当学生有最佳机会选择他们将做什么以及如何做时，他们就会积极参与。
- 当学生的参与为新挑战带来最佳体验时，学习成果将会最大化。
- 当学生对自己的期望、选择和行动的调整与预期成果有效契合时，他们就会积极参与。

这些原则强调的不仅是通过最佳机会选择让学生找到最佳挑战，促进学生对学习的参与（因此，也是一种自主动机功能），而且我们需要为学生提供调整自身选择的条件，使他们能够优化应对挑战的切入点。虽然没有人知道每种学习环境下的完美挑战是什么样的，但如果我们教会学生根据进度调整目标和计划的方法，他们就可以自己控制调整过程，最终找到最佳挑战。

在吉朗文法学校，为了提高学生的能力认知，他们运用自我决定理论和积极心理学创始人米哈里·希斯赞特米哈伊（Mihaly

Csikszentmihalyi）[①]心流理论背后的哲学理念，将其付诸实践。希斯赞特米哈伊将能够带来最佳表现的条件称为“心流”，你可以理解为一个人的学习和表现处于一种专注、忘我的状态中。解决能力—挑战之间的平衡问题是心流理论和吉朗文法学校关注的一个重要部分。学生们谈论“金发女孩效应”[②]，即找到难度适宜的挑战，既不太难也不过于简单。他们与教职工、同伴一起回顾了与自己能力和挑战非常匹配的经历，思考这段经历带给自己什么感受以及他们是如何发现这种匹配的。

吉朗文法学校的教学模式包含 6 个方面，其中之一是积极成就，其含义是拥有朝着有意义的目标努力的能力，能在挑战和挫折面前坚持下去的动力和毅力，在重要的生活领域收获能力和成功。体现在自主学习中，积极成就就是以目标为导向，开展有意义的行动，随时调整以收获技能。

在自主学习中，能力支持型教学始于自主支持型的环境、教师和指导。教师教导并支持学生朝着既能取得成就又能带来幸福

① 美国著名心理学家，“心流”理论的提出者。他发现富有创造力的人虽然彼此千差万别，但他们有一点是相同的。他们都非常喜欢自己做的事并通过从事困难有风险的活动扩展能力，其著作《创造力》中文简体字版已由湛庐文化策划、浙江人民出版社于 2014 年出版。——编者注

② “金发女孩效应”来自童话《金发女孩和三只熊》，讲的是一个金发女孩闯进棕熊一家三口住的房子，看到桌子上摆着三碗粥，熊爸爸和熊妈妈的粥都不适合她，于是她喝了小熊的粥；又去床上睡觉，熊爸爸和熊妈妈的床也不适合她，最后她睡在了小熊床上。后来用来表达“凡事有度，选择适合自己的”。——译者注

感的掌握目标努力，为他们提供相关反馈。学生学会关注自身优势，为找到最佳挑战创造机会，并为实现目标而调整选择、期望和行动。

归属支持型教学

最后一个基本心理需求是归属，它指的是人们需要感到与他人有联系并有社会归属感。它不是指身体上的归属关系，而是指一个人心理上的归属感，是一种被关心和被联结的感觉。教育者当然知道人际关系在教育中非常重要，对许多教师来说，这是他们进入教育领域的原因。既然教育者进入这个领域不是为了让学生感到厌烦，他们就需要多想一想，哪些行为可能阻碍或增强了学生的联结感和归属感。

首先，当学校的教学环境基于控制、标准化和合规性时，首要的就是信任和有意义的联结。在学校，归属感指的是一个学生要感觉到教师是真诚地喜欢、尊重和重视他的。

毫不奇怪，归属是吉朗文法学校的主要关注点。如前所述，学校教学模式中的 6 个方面中还有一个是积极的人际关系。学生学习什么是宽容、感激、合作、沟通、同情和信任，并在实践中体悟这些。例如，教职工和学生会参与一项名为“进展顺利”的活动，他们在会议中或“进展顺利”公告栏上分享对彼此的积极评价。学校的教职工和学生使用了唐纳德·克利夫顿（Donald Clifton）和他的孙子汤姆·拉思（Tom Rath）在《你的水桶有多满？》（*How Full is Your Bucket*？）一书中提出的“桶和长柄勺”理论，作为归属感重要性的一种隐喻。这一理论讲的是每个人都有一个看不见的水桶，它要么是满的，要么是空的，这取决于他人的言行。同样，每个人都有一把长柄勺，可以用来装满或清空别人的桶。在吉朗文法学校，学生和教职工都抱有以下信念：

> 当水桶已装满甚至溢出来时，人会感到快乐，与他人建立了良好的关系，充满活力。当水桶空着时，人们会感到痛苦和疲惫。长柄勺既可以用来装满其他人的桶，也能往外舀水。装满水的行为包括倾听、发现别人的优势、表现出善意或体贴的行为。从桶里往外舀水的行为包括欺负、排挤和批评他人。

与能力支持型教学一样，归属支持型教学也建立在自主支持型教学的基础上。瑞安和德西指出：

> 促进高质量的人际关系，不仅可以与同伴建立密切和持久的社会联系，还可以在这种联系中体验自主的动机。自主动机，即个人同他人建立联系的真实意愿，有助于提高双方对关系的满意度和心理健康程度。

这意味着从本质上说，当学生感觉到教师支持自主时，他们就更相信自己被关心、被照顾。能力支持型教学也是如此。认为自己更有能力和潜力的学生，和那些认为教师是能力支持型教师的学生，也都会相信自己得到了关心和照顾。

归属支持型教学不仅仅是在学生和教师之间建立关爱的关系，在吉朗文法学校，学生之间的关系也很重要。在得克萨斯州独立学区基恩小学的阿什利·科斯顿·泰勒（Ashley Coston Taylor）的幼儿园班级，每个学生都有机会担任班级迎宾员，教师用这种方式给孩子归属感。每天早上，一名学生站在教室门外，与每一名进来的同学握手表示欢迎。泰勒班里一个名叫阿瑟的学生的视频在网上迅速传播，甚至还登上了《人物》杂志！阿瑟是一名患有神经纤维瘤疾病的孩子，这种疾病导致大脑中形成肿瘤，造成沟通、视力、运动技能和生长障碍。视频里，阿瑟背着几乎和他一样大的背包，与同学紧紧握手，其中大部分同学都比他高。有时，同学还会拥抱阿瑟，而他会回报以更加庄重认真的握手。

阿瑟不爱说话，做精细动作也有困难。但当他意识到被班级关心、照顾后，他感觉很舒服，变得开朗，开始爱说话，更重要的是，他更加自信了。

结合起来

艾丽斯·麦克米伦（Alice Macmillan）是吉朗文法学校十二年级的学生。所有十二年级的学生都在这一年里做一个项目。当然，在大多数项目中，爱好、意义、自主和自主学习起到了显著作用。对艾丽斯来说，激发她热情并引发行动的是家里的一件创伤性事件。在她 8 岁时，她的哥哥被诊断出患有癫痫。在她 12 岁前的那年夏天，她哥哥因一次严重的癫痫发作而住院治疗，这激发了她的热情，决定做关注癫痫的项目。

把艾丽斯做的事称为一个学校项目有点低估了它，就像把马友友只当作大提琴家。她对这个项目的热情和项目本身的意义激励她不想只是写一篇论文或做一场报告。但在此之前，她必须先弄清楚她该从哪开始。艾丽斯说她有很多想法，充满了雄心壮志。首先，她要进行一个癫痫关注度的调查。为了缩小范围，她调查了她的同学。有了调查结果，她将目标定为帮助同学了解癫痫。而为了实现这个目标，她计划制作一个视频。她查询并确认了“国际癫痫关爱日”，制作海报宣传她的视频，并将这一天标记为吉朗文法学校的一个节日。紫色是与癫痫关爱日有关的颜色，因此海报上鼓励同学们在国际癫痫关爱日那天穿紫色衣服。艾丽斯的项目最终走出了吉朗文法学校。通过与癫痫基金会的接触，她成为维多利亚州癫痫相关疾病的初级助理医生，这个身份令她所有的努力产生的收益覆盖了整个社区。她甚至说服了当地澳式足球联赛俱乐部中的西部斗牛犬队，将这一天纳入他们的媒体宣传活动中。

国际癫痫关爱日那天，吉朗文法学校里一片紫色，这一切都归功于艾丽斯。

> 我最自豪的时刻是吉朗文法学校的紫色日，看到这么

多学生穿着紫色衣服支持我所做的每一件事。每个人都想做出贡献，哪怕是最小的贡献。我投入了那么多时间和精力，但这一切最终都是值得的，因为在帮助别人、无私、积极参与的过程中，我知道其他人也在积极地与我一起努力。这真是太棒了！

艾丽斯的故事说明了自主学习的力量和重要性。她感觉很棒，因为她的行为是自愿的、有意义的、有目的的；她觉得自己有能力和潜力，因为她能够应对挑战；她觉得自己被关心和照顾，因为人们支持她，和她在一起。此外，艾丽斯的行动遵循了我们在本章中讨论的自主学习框架。

这是如何做到的呢？艾丽斯是为了追求个人看重的学习结果（提高对癫痫的关注），她期望自己有能力作为一个自我掌控者，推动事情发生，并相信自己可以成功。她自己制定了问题解决方案，确定了采取行动的优先级来缩小已知与未知的差距，并设定目标（在学校范围内提高对癫痫的关注）以解决这个差异，然后制订能够实现目标的行动计划（制作视频，宣传国际癫痫关爱日），她还设计了一个自我监测的环节（在国际癫痫关爱日看到多少紫色）。艾丽斯执行了她的计划，并明确实现了她的目标。

注重积极教育的吉朗文法学校让艾丽斯做好了在生活中成为自我掌控者的准备。毫无疑问，从吉朗文法学校毕业后，艾丽斯的人生会取得成功。

本章结尾的“从研究到实践”部分总结了促进孩子自主学习研究和理论的重要元素。我们将在第 4 章中探讨自主学习的实现条件，并在第 5 章再来探讨促进自主学习的教学策略。

从理论到实践

如何促进孩子自主学习

人类动因是指人们为了实现目标和预期结果，在生活中采取行动的能力。换句话说，人类动因理论认为，人们通过解决问题、设定目标和发起行动等能动行为，对环境和生活产生影响。

然而，能动性不等同于独立操作。能动性是指人们为实现目标和预期结果，在生活中采取行动的能力。

教育者通过自主支持型教学培养学生的自主性和自主学习能力。自主支持型教学的特点包括：

- 能发现学生的长处和能力，而不是只关注其不足。
- 能促进学生的意志行为和选择意识，而不是增强学生的依赖心理和压力。
- 能利用学生的爱好和好奇心，而不是从众心理和标准化。

- 促进学生对学习的掌控和自主权，而不是遵守和服从。
- 通过意义和目的来创造学习的价值，而不是成绩和测试。

创建促进自主学习的环境应基于以下原则：

- 设计和布置教室的目的是最大限度地提高学生行动的积极性和参与度。
- 学生可以轻松获得学习所需的材料或其他资源。
- 创建重视各种不同能力和偏好的学习中心，而不仅仅是某种主题的中心。
- 为所有学生的参与提供硬件支持（如电子书和纸质书、大小合适的桌子）。
- 为学生探索和追求爱好提供专门空间。
- 确保学生在制定课堂规则方面发挥有意义的作用，并让他们在进行探索和承担风险时有安全感。

UDL 通过设计并使用多种教学材料，为学生提供多种激发兴趣、提升自我管理的方式；通过科技手段和现代教学法提供多种展现教学内容的途径；为学生提供多种进行教学反馈的方式。采用 UDL 理念的课堂使用的教学材料有：

- 提供的选择要与教学材料及活动的难度或复杂程

度相适应，支持学习者自我指导（如怀尔德的幼儿园课堂），并允许学生设定学习目标。

- 提供真实、与现实环境相关并具有明确目标的探索、实验和活动选择。
- 为了确保成功，为学习过程提供自我分析和调整的机会。
- 强调过程和努力，而不仅仅是产出和结果。

自主支持型教师：

- 了解每个学生的认知能力、社交能力和情感需求。
- 为学生创造相互了解的机会。
- 开发、维护和使用持续性教学系统，收集学生个人和团队表现的信息，帮助他们在学年中做出明智的分组决策。
- 支持学生进行不同的团队合作，从而实现多样的教学成果。
- 在学习小组里，了解并履行自己作为教师的职责，了解每个学生的能力和薄弱的地方。
- 无论学生年龄和能力水平如何，确保每个人每天都能取得成功和进步，并与学生讨论这些成功和进步。

自主支持型指导包括将选择机会融入日常教学：

- 为学生列出学习特定知识或内容可以选择参与的活动。
- 在学生必须参与的活动中为其提供选择机会。
- 扩大做选择的环境和领域。
- 提高学生选择对教学成果的重要性。
- 与学生沟通可选择的领域和范围。

自主学习可以概念化为三个基本步骤：

- 学习者自发采取行动，设定目标，并在符合自身利益和爱好的情况下取得想要的结果。
- 学习者自我管理计划，为实现目标制订行动计划，并设计方法衡量自己目标的进度。
- 学习者利用收集到的信息评估自己的进步，并在必要时调整计划或目标。

要想提高能力，学习要符合以下原则：

- 当学生有最佳机会选择他们将做什么以及如何做时，他们就会积极参与。
- 当学生的参与为新挑战带来最佳体验时，学习成果将会最大化。
- 当学生对自己的期望、选择和行动的调整和预期成果有效契合时，他们就会积极参与。

归属支持型教学不是指身体上的归属感，而是指一个人心理上的归属感，是一种被关心和被联结的感觉。

当学生感觉到教师支持自己自主时，他们就更相信自己被关心、被照顾。能力支持型教学也是如此。认为自己更有能力和潜力的学生，和那些认为教师是能力支持型教师的学生，也都会相信自己得到了关心和照顾。

04

自主学习的实现条件

Teaching Students to Become Self-Determined Learners

“当学生们被赋予‘责任’并掌控自己的学习之旅时，不可思议的事情就会发生。”安妮斯丽小学（Annesley Junior School）校长卢克·里奇（Luke Ritchie）说。这所学校位于南澳大利亚州首府阿德莱德附近，学生中最小的2岁，最大的读六年级。虽然有些人可能认为孩子们太小，不能为自己的学习做主，但里奇有不同的看法：“我们由衷地相信孩子们现在就有能力管理自己的学习，而不是未来才有。”秉持着这种信念，安妮斯丽小学一直致力于提高学生的主动性、独立性和自主性。

在过去的几年里，里奇和他的同事们一直在努力为学生自主学习创造条件。解决这个问题的关键是建立一套制度，为学生在学习中行使自主权提供空间和完善的基础设施。这套制度包括：共同做主，使学生能够管理和决定其学习环境；广泛灵活的课程设置，使学生能够掌控自己的学习路径；每位学生作为拥有自主权的独特学习者，都有一位教职工回应他们的需求。

共同做主

共同做主是里奇在安妮斯丽小学实施的最具变革性的制度之一。学校的学生作为学校的共同拥有者参与学校各个方面的工作，而不是被动接受指示。他们与学校管理层和一位外部顾问合作，主导学校安全政策的重新制定。他们还策划和主导学校的重大活动。他们正在建立一套全新的学生领导结构。他们还参与招聘学校的新员工，并在面试时，对入围的候选者提出关键问题。从本质上说，他们对学校的运行行使自主权。

共同做主意味着学校里的成年人和孩子是学校和学校事务的共同决策者。共同做主确保学生能掌控自己的教育经历，是学生对学校文化、基础设施和资源做出贡献并承担责任的必要条件。如果不能实现共同做主，学生能够掌控的东西就很少，也无法实践自主权。此外，由于共同做主意味着共同履行职责，因此，学生不仅要考虑自身利益，也要考虑其他人乃至整个社区的利益。并且当学生被授予管理权、行使自主权的同时，人们也希望他们能对自己的行为和决定负责。他们不仅要自己承担后果，还要与学校一起承担后果。

共同做主在教育领域之外已经引起了越来越多的兴趣，尤其是在社会和商业发展领域。人们认为这是一种能够建立更健康、更公平社会的有效战略，能促进更成功的商业发展和创造更多的就业机会。研究表明，覆盖面广的共同做主能带来更健康平衡的增长和发展，也更加公平。例如，员工所有制企业（比如银行）

和社区成员共同出资的机构（比如杂货店），效益通常会比较好。

共同做主的概念不仅限于共同治理。在许多行业，比如护理行业和高等教育行业，共同治理是一种让员工参与关键决策的组织模式。但共同做主也不止于分布式领导，这个概念在学校和其他机构的领导力研究中非常受欢迎。虽然共同治理和分布式领导都关注组织的员工和其他可能的利益相关者，但后者很少将客户或消费者（在教育机构中是学生）作为管理和领导的组成部分。

其实，共同做主已经出现在教育领域并付诸实践，但并没有得到准确定义。例如，某种形式的共同做主在民主教育和民主管理的学校中有着悠久传统。第 1 章讨论的纪念碑山地区高中自主计划就是一个例子。

然而总的来说，主流教育机构很少实施共同做主。学校传统上是由成年人拥有的，因此也由成年人管理。今天，世界上大多数学校都把学生当作消费者或服务对象。学生大部分时间都在学校里，他们也是学校存在的原因，但是大多数学生对学校里最重要的事务几乎没有发言权。学校中的课堂由成年人设计和控制，学校设施的配备、规则的制定、教学公开活动的设计也一样由成年人掌控。换句话说，学生决定不了什么。

共同做主的领域：社会、知识和物质

为了给学生发挥主人翁精神和自主学习创造条件，学校应该允许学生与成年人共同做主，参与学校各方面的管理。也就是说，每一件影响学生在学校经历的事，学生都应该积极合理地参与关键决定。其中对学生的学习有直接影响的领域包括社会领域、知识领域和物质领域。

社会领域。社会领域与学校的“软”环境或校园文化有关，是所谓隐性课程的一部分，对学生的教育经历有着重要影响。而影响校园文化的一个重要因素是学生与成年人之间的关系。他们是否像成年人一样被当作学校里平等一员？他们有自主权吗？他们是否有行使自主权的能力？他们是否有为社区利益做贡献的能力和意愿？

诚然，儿童，尤其是幼童，在心理和社会情感方面不像成年人那样成熟，也没有成年人那样的专业水平，他们需要学习和体验很多东西才能充分发挥自己的作用，成为有价值的社会成员。但无论如何，他们都应被看作社会中平等的一员，享有充分的自主权。他们应该参与决定并就影响他们权益的行为发表意见。此外，充分参与的经验也帮助儿童发展自主履行公民义务的能力。民主管理的学校的经验表明，儿童确实可以作为学校中平等一员，负责而称职地参与其中。

如果要在学校创造自主学习文化，一个必要条件是平等看待学生和成人。此外，还需要机制来确保学生能够参与决策那些影响其权益的事情。这些机制可以有不同的形式。民主管理的学校经常使用的一种机制是定期召开面向所有学生和教职工的会议，这一会议有时也向家长开放。学校事务主要通过这些会议做出决定，包括制定规章制度、解决冲突、审批支出、任命或解雇员工、决定教学日的安排以及购买设备或书籍。其他机制包括成立处理特定问题的委员会，比如成立制定安全政策的委员会或处理人事问题的委员会。

无论采取哪种形式，关键在于学校要为学生提供创立制度的机会，让他们在与学校生活相关的决策中拥有真正的发言权。学生应该积极参与制定和执行学校社区成员行为的管理规则。此外，学生还应在战略规划、使命发展和影响学校文化的重大事务中发挥重要作用。

知识领域。知识领域是指学校为学生提供的发展认知能力和获取知识的机会。知识领域主要涉及显性课程，包括开设哪些课程以及由谁来教这些课程。为了促进学生自主学习，学生有权在自己的优势和爱好的引导下，制定自己的学习内容，但他们选择的课程和其他学习活动会受到学校所提供内容的限制。因此，学校提供的是一种社区资产，影响着社区里的每一个人。所以共同做主也应该包含学生对学校课程和其他课程活动的决定权。在这种安排下，学生对提高课程的质量和数量享有与老师平等的权利，也承担同样的责任。

制度化机制确保了学生在知识领域享有共同做主的权利。就像社会领域一样，支持知识领域的共享机制也有多种形式。例如，在民主教育的先驱萨德伯里学校（Sudbury School），学生和教职工共同决定每年开设哪些课程。在澳大利亚的一所创新型公立学校坦普斯顿中学（Templestowe College），学生能进入课程委员会。课程委员会或课程专门小组是决定课程事务的机构，也就是决定开什么课程、什么时间开、由谁开等事务。他们还会对现有课程进行审查和进行学生调查，从而决定撤掉、添加或改进哪些课程。

物质领域。物质领域是学校的物质环境和设施，如图书馆和集会场所，还包括学校场地、计算机设备、实验室设备和其他物质资源。学校的物质方面是影响每个人的重要社区资产。学生共享学校物质领域的所有权，是实现学生自主权和自主学习的必要条件。换句话说，学生应该有权利和责任去改善、管理、维护和使用学校的物质环境、设施和设备。

同样，有许多不同机制能确保学生在物质领域享有共同做主的权利。例如，在坦普斯顿中学，图书馆由学生管理，学校并不安排成年图书管理员。学生有自己的管理规则，学校鼓励学生们从家里带书来图书馆看。在安妮斯丽小学，学生参与设计了新的户外操场，他们还共同经营一家咖啡店。

教室

共同做主不应该只存在于学校制度层面，还应该在课程层面进行实践。例如，北京中学是中国北京一所新型创新中学，这所学校将如何进行“中华文化寻根之旅”作为共同做主的一部分。

“中华文化寻根之旅”是该校课程设置的重要组成部分。以前，这些旅行都是由成年人主导的：成年人计划去哪里、怎么去、怎么住以及做什么。他们对旅行相关的所有问题如预算、安全和内容承担全部责任。现在，学校要求成年人和学生共同组成一个委员会，学生要在会中提出他们的旅行计划并对此展开论证。通过这种方法，学生与成年人共同做主并共同承担责任。

共同做主的形式：代议制和直接民主

为了实现共同做主，学校需要为共同治理创立制度性基础。共同做主的理念应该编入学校章程或制度，明确学生参与学校管理的方式和领域。

学校可以集体决定学生参加共同治理的方式：直接参与或代表参与。直接参与和直接民主一样，是指所有学生和成年人都有权通过投票等方式直接表达自己的意见并参与决策。代表参与和代议制民主一样，是指少数学生和成年人直接参与决策。决策者作为各自选民的代表被选举出来。选举或全体学生的充分参与是实现真正共同做主的关键。这与常见的成年人任命一些学生担任学生干部有很大区别。

让所有学生直接参与所有决策的方式是低效而且不切实际的，尤其是在大型学校里。大多数情况下，代表参与可能比直接参与更好。学校可以让学生选出代表并成立委员会。借助今天的技术，学校可以直接通过社交媒体或网站咨询学生和家长。学生也可以对重大问题直接投票。

作为自主学习的必要条件，共同做主需要时间、精力和资源。因此，学校必须安排专门的时间，让学生和教职工行使他们共同做主的权利。例如，学校应该设置专门的日子进行选举，或其他让整个学校都能参与重大决策的活动。学校还应该建立机制，让学生和教职工定期表达自己的意见。此外，学校还应该为学生和教职工创造机会，让他们了解共同做主，帮助他们通过真实的体验了解民主和公民责任。

实施共同做主：渐进的变革

对于没有民主教育传统的大多数学校来说，实施共同做主不是一件容易的事情。这类似于从威权社会向真正的民主社会转变，需要付出巨大的努力和很长的时间。出于很多原因，教育变革必须是逐步发展的，学者们已经充分证明了这一点。传统教育实践者的持续性、组织惰性、对变革建议的怀疑，以及对有可能出现的负面结果的担忧，正是变革尝试遭到抵制和压制的一部分原因。

学校要想逐步实施共同做主，可以采取两种策略。第一种策略是**从外围到核心**。也就是说，变革要从学校的外围工作开始，逐步走向核心工作，最好是从大多数人不关心甚至没有意识到的事情开始做出改变，因为这样不太可能遭到抵制或拒绝。例如，与改变核心课程相比，改变课外活动和选修课就不太可能遇到阻力。因此，教师和学生在课外活动和选修课中共享决定权，比在核心课程中强制教师把权利分给学生要容易得多。同样，让学生在艺术和音乐课上共享决定权也比在数学和科学课上要容易得多。

遵循这一策略，学校可以有三种方式实施共同做主：第一，学校可以让学生和成年人共享对课外活动的决定权。学生和教职工代表可以组成课外活动委员会，负责设计、开发和实施课外活动，并管理此类活动所需资源的开发和分配。由于许多课外活动已经主要由学生管理了，这应该是最容易开始的地方。第二，学校还可以考虑在一小部分课程中实施共同做主。例如，学校可以每周选定一天时间让教职工和学生共同举办活动，或者每天几小时、每学期几周也可以。第三，学校可以考虑在某些区域实施共同做主，比如对图书馆、媒体中心或菜园实行共同管理。

第二种策略是**邀请而非强制**。勇于革新的教育领导者往往会本能地想在整个学校或系统中实施共同做主。这虽然令人钦佩，但往往不切实际。一个更有效的策略是向所有人发出参与变革的邀请，但绝不将这种邀请强加于人。试图实施一个影响所有人的计划势必会招致抵制和拒绝，因为不是每个人都愿意做出改变或对改变感兴趣。更重要的是，大多数人会本能地拒绝强加给自己的事物，因为他们渴望自己做决定。而参与实施新计划的邀请只是为那些愿意甚至渴望改变的人提供一个机会。大多数学校里总有一小部分教师、领导和学生对现状不满意，他们正在寻找改变的机会。

根据这一策略，学校可以与有意愿参与变革的人实施共同做主，这就如同在现有学校里孵化一个新学校。教职工和学生邀请对这种新的教育模式感兴趣的学生和教师参与，而不是将其强加给所有学生。对于那些对现有教学方式不满意或没有很好地被现有教学方式服务到的学生和教师来说，这种办法或许格外能够引起他们的兴趣。

个性化学习计划

通过共同做主，学生除了有机会决定学习环境，还应该能够主导自己的学习。换句话说，学生应该有能力决定自己的学习目标和学习路径。这个目标和路径既包含一个学期或一年的短期项目，也包含整个在校生涯的长期项目。

只有在一定条件下，学生对自己的学习才能行使自主权，包括重新建立学习目标和路径。在当今大多数学校里，所有学生都要通过统一的学习路径达到统一的学习目标。统一的学习目标通常由政府的教育部门规定，编入课程标准，并通过标准化、高风险测验来强制执行。学习目标也可以由那些能决定学生未来机会的权力机构制定。比如美国的大学委员会，它组织的考试影响着学生进入大学的机会。统一学习目标基于同一假设，即所有学生都需要同等知识、技能和能力才能在社会上取得成功。

学生不仅要达到相同的学习目标，而且要遵循统一的路径。

学生通常按生理年龄分年级，同龄人学习一样的课程。课程标准为同龄学生掌握同样的知识和技能，为确保学生的进步与预期一致，每年都会对他们进行评估。统一路径基于同一假设，即所有学生都有相似的天赋、爱好，都有机会以相似的速度进步。

如果目标和路径是预先确定的，学生就没有多少空间自主决定他们想学什么以及想如何学习了。这种安排既不可取，也没有必要。正如赵勇在他的著作《追求卓越》（*Reach for Greatness*）中指出的，不可能所有学生都以相同的速度取得相同的成果，因为他们有不同的天赋、不同的兴趣，而且更重要的是，他们拥有不同的机会和获取资源的途径。此外，赵教授还指出，那种认为所有学生都需要同样的知识和技能才能成功的观念，已经因为技术变革而过时了。未来取得成功更需要的是每个学生拥有独特的知识和技能，而不是同质化。

个性化学习的伟大之处在于，学生能在他们独特的优势、爱好和背景的基础上发展出一套独特的知识体系和技能。每个学生都具备与众不同的能力。因此，学校不应该期望学生都追求一套完全相同的学习目标。相反，他们应该追求个性化的学习目标。但这并不意味着共同的知识和技能是完全无用的。毕竟学生作为社会的一员，需要具备基本的知识、技能和共同的价值观才能履行好公民义务。

个性化的目标只能通过个性化的途径来实现。每位学生都要制订和遵循高度个性化的学习计划。此外，考虑到每个学生在天赋、兴趣、机会和资源获取方面巨大的多样性，为满足各自的需求，学习路径必须个性化。这意味着学生需要掌握自己的学习过程。

学习目标和路径的新定义事实上是要求了学生拥有自主权。也就是说，学生必须是他们学业的掌控者。他们要自主决定学习什么和如何学习，当然，也少不了成年人的帮助。

成年人提供帮助的一种方式是创建和执行个性化学习计划（Personalized Learning Plan，PLP）。个性化学习计划指的是每位学生为实现目标而记录学习过程和方式的文件。这个文件应该在与家长和教师协商后，主要由学生创建或至少提供主要信息。它应该是动态的，根据需要随时更新。

个性化学习计划的具体内容可能因人而异，但都应该包括 5 个基本元素：

- 学生自己独特的优势和兴趣是什么。
- 学生对提高自身优势和追求自己的兴趣有什么样的计划。
- 学生的独特优势和兴趣如何为他人和社会创造价值。
- 学生对如何评估和证明自己进步的建议。
- 成年人对学生提供的信息做出的反馈。

创建个性化学习计划的过程与该计划本身同样重要。这个过程是学生和成年人之间的对话。通过对话，学生可以了解自己的长处和爱好，更重要的是了解自主学习的意义，即自主学习的潜力和界限，及其带来的自由和责任。个性化学习计划是一个不断更新的文件，其记录过程是持续的、随时迭代的。学生、家长或教师可以在一年中的任何时候回顾这份文件，如果做不到频繁更新的话，至少在每学年开始和结束时回顾一次。

个性化学习计划在某些方面与美国残疾学生的个别化教育计划（Individualized Education Program，IEP）有些相像，特别是在创建方式上。但它们之间存在一些基本的概念差别。首先，个性化学习计划适用于所有学生，而个别化教育计划只适用于残疾学生。在我们看来，每个学生都有长处和短处，也有擅长和不擅长的领域，因此，每个学生都应该接受个性化的教育。

其次，个别化教育计划是依据人的生理缺陷而制定的。它是为了帮助那些在某些领域不如别人的学生赶上同龄人，或让他们成为“正常人”而设立的。而个性化学习计划注重的是学生的优势和兴趣。在个性化学习计划中，知识和技能的掌握没有“不足”或“差距”一说，而是学生所处的位置和他想达到的目标之间存在一定距离。这种距离不是由课程标准或统计指标来定义的。

最后，个别化教育计划根据课程标准里的预设结果为所有学生设定相同的学习目标，从而窄化了学习的范围。个性化学习计划则遵循学生的爱好和兴趣。如果学生感兴趣的东西学校目前没有提供，学校可以也应该找到方法为学生提供学习的机会，或者至少允许学生通过其他渠道自学，比如线上学习。个性化学习计划不是规范性的，而是描述性的。

具有灵活性思维的学校

如果想实现自主学习，让学生拥有共同做主的权利，并且支持所有学生的个性化学习计划，学校就要具备灵活性。学校不能像运转良好的工厂一样，每天遵循例行程序办事。相反，学校应该是一个动态社区，充满活力的、成熟的学习者可以在这里积极应对持续变化。学校的存在不是为了执行标准，而是为了满足学生的需要。因此，学校应该灵活地应对新的机会、新的需求和意想不到的问题。

灵活性适用于学校的各个方面和学校社区内的所有成员。也就是说，每个人都应该有灵活性思维，能看到变化的价值。具有灵活性思维的人会认为，无论计划是经过多么缜密的思考得出来的，总是会因为意外的中断或意外的结果而需要调整。

有效执行个性化学习计划需要灵活性思维。在执行个性化学习计划的过程中，学生经常发现一门课没有如预期的那样满足自己的需要。与其执行原计划，不如放弃这门课程并选择另一门课程更有效，或者与教师协商学习不同的内容，还可以在相关成年人的同意下干脆去做其他事情。

同样，在承担学校某个项目时，学生可能会发现他们缺乏资源或技能来按计划完成。具有灵活性思维的教师不认为这是失败，而把它当作一个很好的学习机会。根据具体情况，教师可以建议学生花更多的时间来获取所需的资源或技能，或者放弃该项目。有些学生也有可能在做项目或上一门课时发现了新的、更值得追求的兴趣和机会。具有灵活性思维的学生可能会考虑放弃原来的课程或项目，转而追求新发现的兴趣。

为了培养和发展学生的灵活性思维，学校需要创建一种将变化视为宝贵学习机会的文化。在这样的文化中，调整不是浪费时间或资源，而是必要的；变化是正常的，也是预料之中的。毕竟，学习就是为了改变，就是为了发现兴趣和优势。

学校可以采取直观的方式，创建物质条件来保持灵活性。比如，课程的持续时间不需要完全相同。有些可以一周，有些可以两周，还有一些可以持续十周。硬件设施也可以灵活安排。房间没必要一样大，桌子没必要按照一种方式摆放，教学的技术手段没必要一个类型，也不是所有课程都必须都由教师来教。学生或学校中的其他成员也可以教授部分课程。

自主学习是由学生驱动的。因此，只有废除传统的组织学生的方式才能实现自主学习。首先，学生不再需要根据生理年龄划分年级，不同年龄段的学生可以组成不同的学习团队（如自主计划就包括不同年级的学生）。

其次，班级组织也可以灵活多变。自主学习需要成年人的支持和指导，但成年人不应该成为组织学生的中心。学校不能强制学生编入规模一样的班级。一些班级可以很大，另一些也可以很小。学校要从学生的利益出发考虑问题。

重新定义教学和教师

自主学习的另一个关键的前提条件是重新定义教学和教师。为了支持自主学习，教学需要从传授知识和技能转向支持学生的成长。教学需要关注学生能做什么、想做什么，而不是通过测试或标准来修正学生的缺陷。它需要帮助每一位学生发现和发展其独特的优势和爱好。此外，教学应该努力培养学生的社会情感素质，塑造创造力和自主能力。在教学实践中，支持自主学习的教学基础应该是每个学生独特的爱好和能力，而不是课程标准或教科书。教学是为学生个体创造机会，目的是帮助每个孩子成为自己学习的主人。

最近的技术进步使这种教学新概念成为可能，关于学习者和学习本质的新发现也支持了这种概念。今天的孩子可以在课堂教学之外借助科技手段轻松获得广泛的学习机会。孩子已经有能力成为自主学习者，并且当他们参与切身相关的、真实的和具有挑战性的活动时，他们的学习效果最好。因此，教师不再需要进行传统意义上的教学，他们也不再是知识的唯一来源和学习的唯一组织者。换句话说，教师不再需要承担传统意义上机械重复的教学职责。他们要有更大的灵活性来组织班级并与学生个体合作。此外，他们可以把注重传递知识和发展认知技能的教学活动交给技术，这样他们就可以有更多的精力关注教育的人文方面。

自主型教育中教师的角色与传统教育不同。教师不再是指导者，而是学生的人生导师。他们与学生一起确定、发展和实现个人学习目标。他们引导学生了解自己的长处和短处、探索可能性、培养志向并实现自己的远大抱负。他们为学生提供挑战，鼓励学生。他们帮助学生正确面对成功和失败，并从中进行学习。除了学习成绩外，他们还关心学生的社交、情感和心理健康。

教师还承担着提供学习机会和学习资源的角色。他们不是知识的来源，而是带着批判眼光的审视者、深思熟虑的选择者，精心地为学生建造一个珍藏学习机会的“博物馆”。这些机会和资源是根据学生的个性化需求来策划的。此外，教师与学生个体共同设计学习路径，也是在帮助学生学会发现和管理自己的学习机会和学习资源。

为了实现自主型教育，教师们协同工作，形成一个共同体。同一所学校教师的才能、专业知识和爱好可以互补。他们不再只是可更换的、机械的教学机器，而是具有不同专业知识和才能的独特的人类教育者。因此，教师不是在孤立的教室里教一群学生，而是在学生们的专业知识和爱好领域，作为学生的顾问与他们一起合作。

在自主型教育中，教师还是学生的组织者和项目领导者。自主学习并不意味着独自学习。相反，学生在实际项目中要与他人合作学习。有意义的、重要的项目必然需要许多人参与和做出贡献，他们拥有不同且互补的才能和兴趣。学生在群体中学习，而教师有责任支持这些群体的发展，促进规则的建立，使这些群体有效运作，并确保群体中的所有成员都受益。

自主型教育

自主型教育与传统教育截然不同。要真正充分地赋予学生自主权，就需要彻底改变传统教育机构的运作方式。我们需要重新思考接受教育的意义以及如何进行教育，因为自主型教育需要的一系列条件都与传统教育不同。

本章提出了一些自主型教育的实现条件，并在本章结尾的“从研究到实践”一节中进行了总结。然而传统学校的制度已经发展了一个多世纪，很难创造这些新条件。而本章所提出的建议是我们应当追求的理想目标，而不是当前的要求。但我们现在就应该开始做出改变了。

Teaching Students to Become Self-Determined Learners

从理论到实践

激发学生的自主性并促进自主学习

共同做主意味着学校里的成年人和孩子是学校和学校事务的共同决策者，共同做主确保学生可以掌控自己的教育经历。

共同做主不仅仅局限于共同治理。对影响学生在校经历的每一件事，学生都应该积极合理地参与关键决策。学校教育对学生的学习有直接影响的领域包括社会领域、知识领域和物质领域。

社会领域与学校的“软”环境或校园文化有关。

- 影响校园文化的一个重要因素是学生与成年人之间的关系。儿童，尤其是幼童，在心理和社会情感方面不像成年人那样成熟，也没有成年人那样的专业水平。但无论如何，他们都应该参与决定并就影响他们权益的行为发表意见。
- 学生通过充分参与发展了自主履行公民义务的能力。
- 学生应该积极参与制定和执行学校社区成员行为的管理规则。
- 学生应该在战略规划、使命发展和影响学校文化的重大事务中发挥重要作用。

知识领域主要涉及学校的显性课程，包括开设哪些课程以及由谁来教这些课程。

- 学生有权在自己的优势和爱好的引导下，制订自己的学习内容。
- 学生对学校课程和其他课程活动有决定权。在这种安排下，学生对提高课程的质量和数量享有和老师平等的权利，也承担同样的责任。

物质领域是学校的物质环境和设施，如图书馆、集会场所、学校场地、计算机设备、实验室设备和其他物质资源。

为了实现共同做主，学校需要建设共享治理的制度性基础。共同做主的理念应该编入学校章程或制度。学校可以集体决定学生参与共同治理的方式，如直接参与或代表参与。

- 直接参与是指所有学生和成年人都有权通过投票等方式直接表达自己的意见并参与决策。
- 代表参与是指少数学生和成年人直接参与决策。决策者作为各自选民的代表被选举出来。

共同做主需要时间、精力和资源。

- 学校设置专门的日子让学生和教职工行使共享的

决定权。

- 学校应该为学生和教职工创造共同做主的机会，帮助他们通过真实的体验了解民主和公民责任。

学校有许多实施共同做主的策略，以下是其中两种：

- 第一种策略是从外围到核心。变革从学校的外围工作开始，逐渐走向核心。
- 第二种策略是邀请而非强制。学校可以邀请有意愿的学生、教师和家长共享决定权。

学生应该能够主导自己的学习。当目标和方式是预先确定的，学生就没有多少空间来自主决定他们想学什么以及他们想如何学习。个性化的目标只能通过个性化的途径来实现。

- 成年人提供帮助的一种方式是制订和执行个性化学习计划。
- 个性化学习计划应该在与家长和教师协商后，主要由学生创建或至少提供重要信息。
- 尽管个性化学习计划的具体内容可能因人而异，但应该包括以下 5 个基本元素：
    - 学生自己独特的优势和兴趣是什么。
    - 学生对提高自身优势和追求自己的兴趣有什么样的计划。

- 学生的独特优势和兴趣如何为他人和社会创造价值。
- 学生对如何评估和证明自己进步的建议。
- 成年人对学生提供的信息做出的反馈。

为应对新的机会、新出现的需求和意想不到的问题，学校应该有最大限度的灵活性。为了培养和发展学生的灵活性思维，学校需要建立一种文化，把变化当作宝贵的学习机会。

自主学习的另一个关键实现条件是对教学和教师的重新定义：

- 教学需要把注意力放在支持学生作为人的成长，而不是向所有学生传授统一预设的知识和技能上。
- 教学不应把注意力放在通过测试或标准来修正学生的缺陷，而应该放在发现和发展个人的优势和爱好上。
- 教学不应该仅传授具体科目的知识和技能，更应该努力培养学生的社会情感素质、创造力和自主能力。

在自主型教育中：

- 教学从孩子的热情和天赋开始。教学不是指导，而是为学生创造机会，帮助学生追求自己的兴趣，提高自己的能力，帮助学生发现和获取学校内外的资源。

- 教师成为精通生活的教练，帮助学生发现、发展和实现个人目标，了解他们的优缺点，探索可能性，培养远大志向，并让他们尝试实现自己的抱负。
- 教师们协同工作，形成一个共同体。他们不是在孤立的教室里教一群学生，而是在学生们的专业知识和爱好领域作为顾问与他们一起合作。
- 教师是学生群体的组织者和学习项目的领导者。自主学习并不意味着独自学习。相反，学生经常在实际的项目里通过与他人一起合作来学习。

05

实现自主学习的教学策略

Teaching Students to Become Self-Determined Learners

美国弗吉尼亚州阿尔伯马尔县克罗塞特小学（Corzet Elementary School）的教师们把增强学生的自主学习者信念放在首位。克罗塞特小学的校长格威黛特·克拉姆米（Gwedette Crummie）说，他们的目标是教会学生自主，自主可以教会他们做任何事情。克罗塞特小学所有五年级学生在新一学年开始时都把重点放在他们的爱好和兴趣上，并基于这些为他们的未来设定目标。

在第3章中，我们提出了促进自主学习的设计指导框架。现在，让我们来谈谈实现它的策略。

除了与自主和能力以及归属有关的学生的自主性和自主学习的一般原则，要想让学生能够形成决定自己行为的信念，从而努力成为自我掌控者，还需要给学生提供机会学习、练习和掌握技能，培养意志行为和能动行为。本章将重点介绍促进意志行为和能动行为的策略，然后概述一种教学模式，旨在让教师教学生通过自我管理解决问题、设定目标、创建行动计划，并为了实现目标，根据需要调整计划。

传授意志行为

为了有意志地行动，学生必须运用能让他们发起和参与因果行动的技能。这些技能包括解决问题、做出决策、设定目标和做计划（见图 5-1）。在介绍如何传授运用这些技能的策略之前，重要的是教师要记住，这种教学的目标应该是让学生参与，而不仅仅是让学生掌握这些技能和行为。这样能够使他们从这些过程中最大化地激发某些潜力，提高他们在相关领域的能力，从而提高他们的自主学习能力。

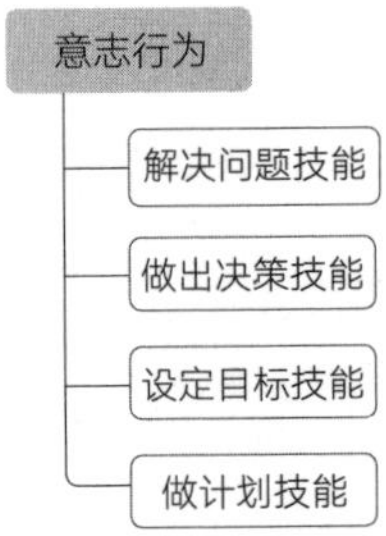

图 5-1　意志行为的组成要素

资料来源：改编自 *The Self-Determined Learning Model of Instruction: Teacher's Guide*, by K. A. Shogren,S. K. Raley, K. M. Burke, and M. L. Wehmeyer, 2019, Lawrence, KS: Kansas University Center on Developmental Disabilities. Copyright 2019 by Kansas University Center on Developmental Disabilities. Adapted with Permission。

教学生参与解决问题

解决问题是学生积极参与自主学习必不可少的要素。如果你已经知道了一些东西，你就不需要再去学习，因为问题的定义就是你不知道的那些东西。《创造性行为杂志》（*Journal of Creative Behavior*）的编辑罗纳德·贝格托（Ronald Beghetto）说：“问题之所以是问题，因为它涉及一定程度的不确定性。”创造力、进取精神、批判性思维……所有这些都依赖于应对和解决不确定性。而这，其实就是解决问题。

问题指的就是一种状况、一个活动或一项任务，而其解决方案或路径是未知的、不清晰的。用探究的方式提出问题让学生解决，是教育工作的核心。“促进植物生长的机制和因素是什么？”“气候变化如何影响全球粮食分配？”“当哈姆雷特说：‘凭着这一本戏’，他是什么意思？”这些都是我们为了激发学生的学习兴趣每天对他们提出的问题。

这里讨论的问题是如贝格托定义的那种广义上的学习挑战，而不是求解数学方程式那种狭义上的问题。我们也不打算把“问题”这个词的含义与许多人联想到的“有问题”的负面含义混为一谈。许多“问题”本质上是社会性的，因为它们涉及与教师、同伴、专家和其他人的互动。因此，为了使学生更加自主，解决问题的重要性不仅体现在解决学习挑战本身上，也体现在与他人的互动中。

根据下面的“理论与研究”，教学生如何解决问题的第一步是传授积极的问题导向，即学生对解决问题这种任务的信念和导向。托马斯·德苏里拉（Thomas D'Zurilla）、阿瑟·根津（Arthur Nezu）和阿尔伯特·梅德–奥利瓦雷斯（Albert Maydeu-Olivares）认为，这种导向是面对下列情况时的一种普遍的特征或倾向：

- 将问题视为“挑战”（即获取利益或收益的机会）。
- 相信问题是可以解决的。
- 相信自己有能力成功解决问题。
- 相信成功解决问题需要时间和努力。
- 致力于迅速解决问题，而不是逃避问题。

Teaching Students to Become Self-Determined Learners

理论与研究

解决问题的步骤

孩子通常在小学阶段后期和初高中阶段早期才发展出解决问题的能力，但让他们从幼年开始就有机会参与解决问题是非常重要的。德苏里拉及其同事提出的解决问题的模式推动了教育和其他应用学科领域大部分研究和干预工作。在《解决社会问题》（*Social Problem Solving*）一书中，这些研究人员详细说明了训练人们解决问题的5步法：

1 问题导向。

2 问题的定义和表述。

3 制订替代解决方案。

4 做出决策。

5 实施解决方案。

正如我们在第2章中讨论的，当人们具有自主动机时，他们往往会在解决问题的任务中表现出更大的毅力。因此，教育者可以通过讨论过的自主支持、能力支持和归属支持，使学生用积极的态度解决问题。

接下来，学生需要的是，学习通过收集问题信息来更准确地定义他们的问题，提出可能的问题解决方案，进一步权衡方案的利弊，确定哪个是最佳的方案，最终实施该解决方案。贝格托将这一基本过程简化为教学生应对挑战的4项“行动原则”：停止、思考、执行和学习。每个行动原则都有两个子行动。

停止。教师需要教学生先停下来，去**探索**和**准备**，这样学生能够收集问题的相关信息，完善对问题的理解，并形成可能的解决方案。反复解决问题的经验使成年人几乎能够自动完成这个过程。但当孩子第一次学习解决某个问题时，这个步骤比想象的要难。根津和德苏里拉认为定义问题的阶段就是：

- 收集事实。
- 区分事实、观点和推论。
- 丢弃无关信息。
- 确定解决问题的过程和预期结果。
- 确定可能阻碍解决方案的因素和环境。

学生倾向于对问题做更全局性的归因，甚至进入青春期也是这样。这意味着他们还不能熟练地将问题缩小到可以解决的范围。有时，确定从问题的哪个方面着手解决，本身就是一个问题；另外一些时候，需要将问题中可解决的部分提炼出来。例如，像增加再生能源使用这样的大问题可以分为很多小部分，可以把相对广泛的问题缩小为能解决的问题，再进行研究、调查和探索。

有时人们立即意识到的"问题"甚至不是真正的问题，人们必须深入挖掘才能找到真正的问题。在《如何不犯错》(*How Not to Be Wrong*) 一书中，作者乔丹·艾伦伯格 (Jordan Ellenberg) 讲述了一个军事小组的故事，该小组在第二次世界大战中负责解决如何在空袭中最好地保护被纳粹高射炮攻击的飞机。对这个问题的初步分析集中在检查执行任务归来的战斗机机身上弹孔的分布情况。分析发现飞机机身、燃油系统和机身底部每平方英尺[①]的弹孔数量最多。据此，军事小组提出在弹孔分布

① 1 平方英尺≈0.09 平方米。——译者注

最多的地方增加装甲。但问题是，增加装甲让飞机变得更重，导致燃油效率降低，限制了飞行任务范围。最后，一名小组成员提出，他们关注的问题错了。他们应该关注的是没有从战斗任务中返回的飞机身上的子弹分布。于是该小组设法找回了几架被击落的飞机，果然不出所料，飞机引擎上的弹孔密度最高。装甲需要装在这里，而不是其他地方，这也降低了原计划增加的装甲重量。错误的问题，险些导致错误的解决方案！

思考。教师要教学生运用**发散思维**和**聚合思维**。发散思维是指用新的、不同的方式看待问题或挑战，并提出原创的解决方案。聚合思维则是对已经产生的可能解决方案进行评估。学生需要时间和实践才能灵活运用这两种思维，甚至年龄较大的青少年也需要在成年人支持下使用发散和聚合思维生成和评估不同方案。如前所述，自主支持型教师提供的支持要能促使学生去独立思考，而不仅仅是回答问题。贝格托指出，教师可以提供反馈，鼓励学生“在某个想法上创造出新的改变，让它变成你自己的想法”。

执行。在思考这一步骤中，学生对在停止步骤中重新定义的问题提出可能的解决方案，在执行步骤中，学生要尝试运用看上去有可能成功的解决方案，即**计划**和**测试**。我们需要教学生为执行最有可能成功的解决方案做详尽计划，问问什么是有效的，什么是无效的。如果无效，那么是解决方案本身有问题，还是方案执行中存在障碍。

学习。孩子们通过思考哪些方法有效，**确定**并**修正**解决流程，从而成为更高效的问题解决者。我们可以帮助孩子在他们知道的和他们要解决的问题之间找到最佳契合点，尤其是当他们第一次学习解决问题时。此外，青少年面对着现实世界中的问题，解决这些问题对他们来说比解决抽象的问题更重要，比如第 3 章的艾丽斯 · 麦克米伦热衷于解决人们对癫痫不够关注的问题，正是基于现实原因。并且创建让学生感到安全的学习共同体对学生学习解决问题的技能也很重要，原因很简单，因为我们都要通过尝试、犯错、再尝试来学会解决问题。

下面我们再来介绍一下其他可以用来教授解决问题的方法。为了让学生思考他们在学校遇到的问题，辛西娅 · 本杰明（Cynthia Benjamin）制订并测试了一套 4 步法：

1 理解。
2 计划和解决。
3 检查。
4 回顾。

斯蒂芬·克鲁利克（Stephen Krulik）和杰西·鲁德尼克（Jesse Rudnick）提出了一个 5 步法：

1 阅读和思考。
2 探索和规划。

3 选择一个策略。

4 找到答案。

5 反思和延伸。

我们很容易看出，这些流程与贝格托的行动原则，以及德苏里拉及其同事制订的 5 步法相似。这些就是教师每天会用到的步骤。通常，这就像让学生参与到教师自己的问题解决过程一样简单！

让我们来谈谈另一个解决问题和做出决策时，也是 21 世纪大多数学习分类法中最明显的要素之一：创造力。想在解决问题和做出决定的过程中找到替代方案需要创造力。所有孩子都天生擅长提出新点子和方法，创造新概念和作品。教育者的责任就是为学生提供机会锻炼创造力并学习形成这些能力的策略。

正如心理学家罗伯特·斯特恩伯格（Robert Sternberg）及其同事指出的那样，创造力“不仅使我们能够想出新点子（无论在哪个领域），它也是一种技能，使我们能够处理我们以前从未遇到过的新情况或问题”。教学生解决问题和做决定就是教他们创新。那些明确要求学生要进行头脑风暴、创造、发明、想象或探索的任务，就是学生学习创新的机会。

此外，重要的是教师要鼓励学生学会熟练自如地产生许多想法，以及产生独创性的想法。前者是在“鼓励数量，而不是质量

（推迟判断）”以及“推动更多的想法”。后者的一个练习方式是让全班学生列出解决方案的“常用想法”清单，然后让每个学生想到至少一个不在这份列表上的想法。再次强调，重要的是鼓励创意，而不是判断一件事的对错。产生想法的目的就是……呃，产生想法！

教学生参与决策

决策，简单地说，是一种重大选择。在日常沟通中，我们经常交替使用“选择”和“决策”这两个词。然而，决策是一个从解决问题开始的过程，这一问题是：我可以从哪些选项中做出决策？决策包括权衡各种选项的利弊，考虑个人的偏好、兴趣、价值观和信仰，然后最终选择其中一个。从发展的角度来看，学生在学会如何解决问题后，在青春期早期就获得了做决策的必要技能。

从根本上讲，决策是一项以目标为导向的艰巨任务。我们已经确定了决策过程中的 8 个主要步骤，包括：

1 识别需要做出决策的情况。
2 意识到做出决策的必要性。
3 确定决策服务的目标。
4 确定行动的备选方案。
5 确定每个行动方案的结果。

6 如果采取行动，就要确定每种结果发生的概率。

7 确定每个行动方案和结果的相对重要性（价值或效用）。

8 综合考虑概率和重要性，找到最值得做出的行动方案。

以色列心理学家露丝·贝思－马罗姆（Ruth Beyth-Marom）在其职业生涯中一直在研究青少年的冒险行为及其决策过程。解决问题的方案往往有正确或错误之分，决策虽与此不同，但决策的过程却具有不确定性，即使到了决策点时依然如此。

下面的“理论与研究”部分介绍了影响风险承担与决策制定的因素。

Teaching Students to Become Self-Determined Learners

理论与研究

影响风险承担与决策制定的要素

决策过程中的各种因素会产生不同风险，这些因素包括：

- 语境。语境有很多种影响决策的方式，其中包括做出决策的文化语境。文化是强调个人主义还是集体主义，决定了决策是如何做出来的。此外，一个决策是可以过段时间做出，还是必须快速做出会影响与决策有关的相对压力。最后，语境中还有决定决策重要性的因素，它会决定什么是高风险决策（医疗、财务），什么是低风险决策（旅行中要带什么）。

- 个人经历。关于决策选择、后果、风险、收益的经验和知识会影响成年人的决策。青少年也是如此，但与成年人不在同一水平上。青少年会利用经验和知识，但这二者并不总是影响他们的决定。当青少年做决策时，同龄人的影响和想要受欢迎的渴望可能比经验或知识更重要。
- 复杂性。显而易见，复杂决策往往有多个可能的解决方案，而且往往是多个不够令人满意的方案，从而产生更大的复杂性。而更大的复杂性往往会给收集事实的过程带来压力，让人产生一种徒劳感。
- 冒险。研究人员通常将决策分为两类：有风险决策和无风险决策。詹姆斯·伯恩斯（James Byrnes）质疑这一点，他指出在任何决策中都存在一定程度的风险（即“一项行动可能产生不良结果的可能性”），但不同的是不良结果的结果。例如，错误的医疗决定可能会致命，但打包错了物品的后果应该不会这么严重。
- 偏好和价值观。决策时，一个人的偏好、价值观和信念对选择的影响，有时会凌驾于选项逻辑之上。例如，权衡利弊后，我可能会认为我不应该

> 购买红色的小科尔维特跑车，因为它油耗更大，价格更高，保险更贵。但一个人的偏好和热情会在这时体现出来，即便红色科尔特有那么多缺点，我还是买了它。

马罗姆及其同事强调了教师与学生讨论不确定性、定义不确定性、探索不同类型的不确定性以及检查不确定性与信息数量或质量之间关系的重要性。我们的目标不是消除不确定性，而是教学生管理不确定性。

教授决策技能有相关流程可以参考。一个基于研究的传授决策技能的流程是“GOFER”流程，包括厘清目标（Goals Clarification）、生成选项（Option Generation）、调查事实（Fact Finding）、考虑效果（Consideration of Effects）、反思（Review）。而科罗拉多教育倡议（The Colorado Education Initiative，CEI）是一个支持公共教育创新的非营利机构，它创建了一个向九至十二年级年轻人传授决策技能的流程。这个流程涉及的步骤如下：

1 确定需要做出的决策。

2 就可能的选择展开头脑风暴。

3 确定每个选项的利弊。

4 选择要实施的选项。

5 对所做的决策进行反思。

记住，年龄较小的青少年比年龄较大的青少年更有可能随大流，他们决策时更容易受到同龄人的影响。此外，权衡各种选择的利弊非常重要，学生制订替代方案和考虑后果的能力会随着成长和经验的累积而提高。我们是在实践中学习解决问题和做决策的方法的，因此也要为学生提供多种机会来尝试和练习。

教学生设定目标

在这一部分，我们首先要弄清设定目标与实现目标所需的技能之间的区别，后者是能动行为教育的一部分，后面会讨论。设定目标能够规范我们的行动：设定了目标，我们才更可能花费资源来实现它。目标激励我们行动。这就是为什么每年新年前夜我们都要制订目标。大概这样做，我们才更有可能在我们认为重要的领域采取行动。但是为什么高达 80% 的人没有执行他们的新年计划呢？心理学家凯特琳·伍利（Kaitlin Woolley）和艾利特·菲什巴赫（Ayelet Fishbach）发现，我们倾向于设立长期目标而非明确短期目标，当我们看不到即时进展时，我们就失去了追求目标的动力。所以，也许我们都需要设定目标方面的指导！

自主学习是一项以目标导向为核心的活动。设定目标通常是为了应对生活中的机遇、学习或挑战，或者表达偏好、兴趣和爱好的一种手段。在下面“理论与研究”部分，迈克尔·L. 韦迈尔（Michael L. Wehmeyer）和丹尼斯·E. 米肖（Dennis E.

Mithaug）确定了目标设定过程的若干阶段，每个阶段都可以成为教学重点。

Teaching Students to Become Self-Determined Learners

理论与研究

目标设定过程的阶段

目标设定过程的各个阶段包括：

- 目标生成。设定目标从自我分析和探索在目标领域的优势、偏好和需求开始。学生应该确定他们想要设定目标的领域，评估他们对目标所涉主题的了解，并优先考虑哪些实现目标的行动可能是合适的。
- 目标差异分析。利用目标生成初始过程中的信息，学生接下来将学习和参与目标差异分析。这意味着学生需要学会考虑他们关于目标领域现在的已知状态（当前状态）和目标状态（想要知道什么）。学生可以问问自己，需要做些什么来缩小已知的与想要的或需要知道的之间的差距。学生需要找到解决方案来缩减这一差异，这种需求被称为目标差异问题。因此，解决问题的过程是目标设定过程的关键要素之一。

- 能力挑战差异分析。目标差异分析过程的一部分是让学生评估他们解决目标差异问题的能力，确定他们需要的新的或现有的知识和技能，以解决目标差异问题并设定目标。这个过程反过来也会引导学生根据实际情况设定目标。
- 减少差异计划。一旦学生设定了目标，下一步就是制订一份计划，来缩小学生当前状态（已知）和目标状态（想要知道什么）之间的差距。学生通过选择和决定缩小差距的方法制订计划，基本上是创建一份行动计划。而在任何计划中，学生如何自主地监控计划实施、跟踪目标进展，都是重要的因素。

这听起来很复杂，但教学生如何设定目标不必那么复杂。基本上，这个过程分为 4 个步骤：

1 确定和阐明目标。
2 为实现长期目标而确定近期目标。
3 确定实现目标所需的行动。
4 跟踪目标进展情况。

传授如何确定和阐述目标，可以教导学生用可实现的方式陈述目标，取得清晰、可衡量的结果。计划行动的过程需要学生基于长期目标制订近期目标。最后，每个学生都可以参与跟踪自己目标的进展，从而提高自主动机。

罗格斯大学戴维斯学习研究所的杰出教授兼主任卡罗琳·马赫尔（Carolyn Maher）创立了一种教学方法，用于传授自我导向的设定目标和对进度的自我监控。这一过程称为目标导向学习法（Goal-Oriented Approach to Learning, GOAL），它包括 4 个步骤：

1 设定目标。学年初，教师和学生坐在一起为评分周期设定教学目标。目标来源于学生的意见、过去的学业成绩和评分期间的小目标。

2 目标达成量表。接下来，学生和教师开发一个量表来评估目标的实现情况，确定达到目标有可能出现的结果，从较不理想到较理想。教师可以着重阐述预期（即正向的、可接受的）结果以及超出预期的结果会怎样。

3 教学策略的选择。在每周例会上，学生和教师讨论学生的目标进度和可能需要做的调整，并为下一周制订书面教学计划。

4 对目标达成情况的评估。评分因期结束时，学生和教师使用目标达成量表评估学生的目标达成情况。目标实现后，学生和教师在下一个评分周期再次启动这 4 个步骤。

设定目标是吉朗文法学校的教学模式中积极成就方面的核心。积极成就指的是拥有朝着有意义的目标努力的能力，能在挑战和挫折面前坚持下去的动力和勇气，在重要生活领域获得的能力和成功。吉朗文法学校五年级教师帕姆·伯顿（Pam Burton）在每学期开始时会和学生开会，支持每个学生为本学期设定至少三个个人目标。然后，学生们选择一个主题，为每个目标制作一个可视化的表现形式。主题包括赛跑和跑到终点，或爬山和登上顶峰。可视化表现形式指的是每个学生都有一个热气球和篮子的标志。气球代表目标，篮子代表朝着目标前进的过程。每周，如果取得了进展，学生们都会把篮子移到离气球更近的地方，这样他们就可以直观地看到自己的进步。如果篮子不动，伯顿就要与他们谈话，共同寻找取得进步的方法。

教学生参与计划

计划是一个以未来为中心，以目标为导向的过程，与自我驱动和自主性有关。计划通过由自主动机激发的动机、认知和情感过程，提供一种开始行动（自我驱动）的方式。并且，计划是设定目标过程的重要组成部分，传授设定目标的过程中通常会有传授做计划的能力这一步。里克·斯奈德（Rick Snyder）及其同事在《希望手册》（*Handbook of Hope*）中介绍了**路径思维**这一观点，为传授做计划的能力提供了一种教学结构。斯奈德将路径思维定义为一种对通往预期目标的路径的感知意识。**希望理论**（Hope Theory）认为，希望是一种积极的激励状态，它基于目标导向的能量（能动思维）和实现目标的计划（路径思维）。这与通过促进意志行为和能动行为来促进自主学习的**自我掌控理论**框架相吻合。

“路径”的概念有助于教师向学生传授做计划的能力，因为它可以帮学生把计划的过程形象化（计划就是从目标到预期结果的路径），也因为俯视路径是一种面向未来的活动。斯奈德及其同事指出，让孩子们想象他们正在旅行，目的地是他们设定的目标，他们需要规划到达目的地的路径，这是一种非常有效的教学方式。

教学生运用路径思维的步骤包括：

1 确定要实现的最终目标（如目的地）。
2 将最终目标分解为小目标（如路径上的步骤）。
3 确定实现最终目标和小目标的多种选择（如不同的路径）。
4 找出最佳选择（如选择一条路走）。
5 确定实施该选择所需资源（如旅行所需的物品）。
6 创建时间线（如行程计划）。
7 创建跟踪和评估流程（如沿途的里程标记）。
8 评估进度，确定路径是否正确以及是否需要选择另一条路径（如是否到达目的地）。

斯奈德及其同事为帮助学生建立路径提出了一些注意事项。

该做的是：

- 让学生对接下来将要发生的一系列活动有心理准备。

- 帮助学生将一条长路径分解成更小的、更可行的步骤。
- 教导学生将失败看作是因为策略无效，而不是缺乏才能。
- 与学生讨论他们实现目标的计划。

不该做的是：

- 一味减少学生对未知的担忧，却在解决问题时很少提供帮助。
- 要求学生安静、顺从。
- 替学生做全部计划。
- 当学生认为没有实现目标的路径时，欣然同意。

这些策略对促进意志行为十分重要，但是要将其转化成自主学习，还必须同时强调自主支持、能力支持和归属支持的重要性；要构建学习环境和准备教学材料以促进自主学习；使用基于优势的方法促进掌握式学习和能力信念；根据学生的价值观、兴趣和激情提供自我认可的最佳挑战。许多课程侧重于培养学生设定目标或解决问题的能力，但缺乏对自主学习的重视。

传授能动行为

能动行为包括指导和维持学生朝着目标行动的技能。图 5-2 描述了促进能动行为的教学领域。

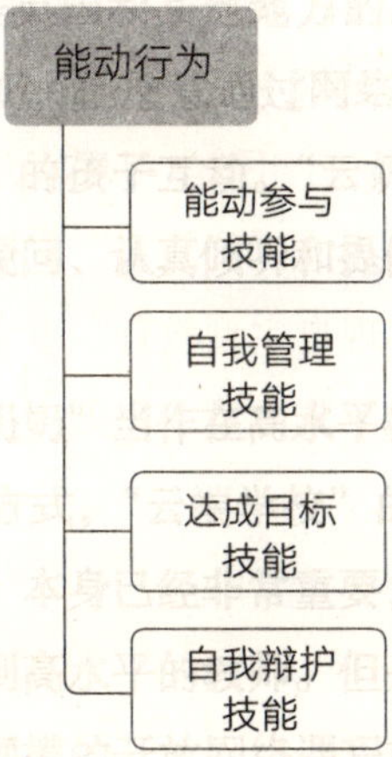

图 5-2　能动行为的组成要素

资料来源：改编自 Shogren, Raley, Burke, and Wehmeyer, 2019。

促进能动参与的技能

学生积极参与的一个重要因素是能动参与，这将在下面的“理论与研究”部分进行讨论。能动参与的技能可以通过学习获得。学会和使用这些技能，学生可以影响自己在自主学习中获得支持的可能性。通过能动参与，“学生会找到将他们的学习方法充实、修改和个性化的路径”。

Teaching Students to Become Self-Determined Learners

理论与研究

关于能动参与的研究

约翰马歇尔·里夫（Johnmarshall Reeve）和曾敬梅（Ching-Mei Tseng）将能动参与描述为“学生对他们所接受的教学流程的建设性贡献”。可以这样理解：传统上，我们认为学生积极参与包括行为的（坚持任务、努力工作、百折不挠）、情感或动机的（兴趣、好奇心、热情）和认知的（使用学习策略、自我管理）因素。所有这些都是学生积极参与学习活动时的表现。但研究表明，学生行为也会影响教师行为。当教师看到他们的学生没有积极参与，不感兴趣或者分心时，他们也很可能会改变自己的行为。

教师可以通过以下方式向学生传授促进能动参与的技能：

- 支持学生思考并陈述他们对某个话题或主题的偏好和观点。
- 让学生自我分析其学习需求。
- 教学生阐明某个话题或要求举例说明。
- 鼓励学生自愿响应或积极参与活动。

- 尽力为班上所有学生提供发言和展示的机会。

教学生自我管理的技能

自我管理这个词的含义可能比自主更宽泛。不过，大部分人对自我管理含义的理解很模糊。下面的“理论与研究”部分说明了自我决定理论和自主学习理论如何形成自我管理的概念。

Teaching Students to Become Self-Determined Learners

理论与研究

自我管理的概念

里夫及其同事在自我决定理论研究中提出：“自我管理是一个过程，在这个过程中，为了达到某种理想的未来状态，人们组织和管理他们的能力，即他们的思想（如能力信念）、情绪（如兴趣）、行为（如参与学习活动）和社会意义上的环境（例如，一个安静、舒适的学习场所）。”

米肖在自主学习理论中定义了自我管理，认为自我管理是人们如何争取并维持可能的最优调节水平。当学生在学习上进行自我管理时，他们会组织和管理自己的资源（认知、元认知、情感和动机、行为）以解决问题，从而实现与学习和适应相关的目标。也就是说，他们参与了能动行为。

戴尔·舒克（Dale Schunk）和巴里·齐默尔曼（Barry Zimmerman）是美国研究自我管理学习领域的领军人物，他们发现了使年轻人能够在学习和受教育方面自我管理行动及表现的策略。其实，自我管理学习涉及我们已经讨论过的许多过程，尤其是设定目标、解决问题和制订计划。教师更常传授给学生的自我管理学习策略包括自我分析、自我指导、自我监控、自我评价和时间管理（见表 5-1）。

表 5-1　自我管理学习策略概述

策略	描述	教授学生这些策略
自我分析	让学生参与分析自己的兴趣、偏好和能力，反思他们的努力和表现，以及确定需要教师指导的领域。这通常发生在设定目标阶段，但当学生可以确认教学目标所需信息，它也可能发生在教学过程的任何环节	1. 与学生一起通过强化自我分析确定他们的兴趣和偏好，他们对首选方法或路径的结果了解多少，以及他们在哪些方面有特殊的学习需求 2. 目标设定后，支持学生分析他们目前对目标的了解 3. 教学生思考以下问题：他们是否理解自己的学习挑战；是否拥有所需资源；是否努力工作；如果没有，为什么 4. 除了教学生自我监控和自我评价他们的进步，当学生需要获取新知识时，教他们确认这种需求，并分析他们在该领域的学习需求

续表

策略	描述	教授学生这些策略
自我指导	教学生进行针对任务的自我指导，基本上就是教学生告诉自己需要做什么。这些通常不需要说出来，通常与过程更有关联，而不是具体任务中的个别步骤。也就是说，简单地思考“我做过”“接下来我需要做”“现在我要去做”就可以让学生组织和指导过程。从本质上说，自我指导是一种解决问题的形式，学生从中学会思考自己做了什么、需要做什么，以及如何去做	1. 与学生合作，了解他们在学习过程中可能遇到的问题 2. 教学生一种自我指导解决学习问题的策略，比如“做过——接下来——现在”的策略 3. 教学生用完整句子陈述每一步，包括任务的具体细节 4. 鼓励学生从轻声说出每一步的内容开始
自我监控	让学生监控他们实现目标的进度。该策略要求学生理解并成功做到两件事：一是认识到预期的行动、行为或结果已被成功实施，二是以某种方式准确记录发生的情况。学生可以通过记录活动完成时的结果、在指定的时间间隔内记录，或记录长期目标 / 近期方向中指定的任何内容，跟踪目标进度。学生可以采用任何适合自己的方式记录数据	1. 确保目标具有可衡量的近期目标和结果，并且学生理解这些目标和结果 2. 与学生一起制订自我监控进度的流程，可以把每日结果用某种图表表现出来（如检查清单） 3. 确保学生理解何时标记或检查进度（如课程结束、某个间隙时间、或目标和行动计划过程中发生了标志性事件） 4. 确保学生能够辨别适当的反应或行动

续表

策略	描述	教授学生这些策略
自我评价	将当前目标进度（来自自我监控）与期望的目标状态进行比较。它是自我管理过程的重要组成部分，因为它让学生（定期地）意识到和目标的距离。因此，它可以为学生提供动力，让他们去追求或根据需要调整个人行动计划或目标	1. 与学生一起开发一种方法，评价自我监控过程或其他来源的数据或信息，通常包括图表（包括图形或表格、检查清单等） 2. 支持学生比较当前进度和预期进度。同样，使用可视化的表达方式，比如图形或表格、计数单、检查清单等 3. 与学生一起确定是否对当前进度满意，或者是否需要对计划或目标进行调整
时间管理	教学生成功地管理与学习任务和活动相关的时间。时间管理在几乎任何学习任务中都很重要，在生活任务中也是如此	1. 教学生制订计划（前面讨论过），将目标分解为可管理的小目标和任务 2. 帮学生一起估算学习任务和活动所需的时间 3. 教学生创造一种方法，监控任务所耗费的时间，并在需要时调整预估。可以用日历或计时器（如智能手机上的应用程序）来实现 4. 教学生自我规划策略，帮助他们制订学习计划，以确定他们在一天中什么时候学习和工作最好、在什么样的环境中学习有效，以及如何避免分心 5. 教学生使用待办事项清单或任务清单，如日历软件上的清单

资料来源：改编自*A Teacher's Guide to Implementing the Self-Determined Learning Model of Instruction*, by M. L.Wehmeyer, M. Agran, S. B. Palmer, and D. E. Mithaug, 1999, Lawrence, KS: Beach Center on Disability. Copyright 1999 by Beach Center on Disability. Adapted with Permission。

通常，自我管理学习指导结合了表 5–1 中的大多数策略。自我管理策略发展（Self–Regulated Strategy Development, SRSD）模型是一个基于研究的模型，包含了上述要素。该模型由卡伦·哈里斯（Karen Harris）和史蒂夫·格雷厄姆（Steve Graham）建立，旨在帮助教师指导有写作困难的学生。这个模型指导教师要做到：

- 帮助学生扩充关于学习目标和自我管理策略的背景知识。
- 与学生讨论要使用的自我管理策略，确保他们能够理解、使用并跟踪其进度（自我监控）。
- 为学生示范可以运用的思维过程和自我管理策略步骤，并示范如何将它们与设定的目标联系起来。
- 记住策略的流程，这样可以更加熟练地掌握这个策略。
- 支持学生练习这个策略，包括与同龄人和小组合作。
- 建立程序和流程，使学生能够将策略融入他们的学习中。

自我管理策略发展催生了两种基本的自我指导（和记忆）策略，分别是“POW”策略，即选择我的想法（Pick My Idea）、整理我的笔记（Organize My Notes）、多写多说（Write and Say More），以及“TREE”策略，即主题（Topic）、原因（Reasons）、结尾（Ending）、检查（Examine）。学生可以利用这些策略来提高写作成绩，也几乎可以应用于任何学习内容。

教学生达成目标的技能

达成目标包括为实现目标而持续行动的过程。还记得前文提到的新年目标问题吗？大多数人没有达成年初设定的目标，既与他们设定目标的技巧有关，也与他们实现目标的能力有关。20 世纪 60 年代，认知心理学家乔治·米勒（George Miller）对目标达成行为提出了一个有影响力的解释，称为“测试—操作—测试—退出”（Test–Operate–Test–Exit，TOTE）。米勒及其同事是这样描述 TOTE 流程的：

> 反射作用的一般模式是测试输入能量与生物体内建立的某些标准的适配性，如果测试结果显示不适配，则做出反应，并持续做出反应，直到不适配消失，这时反射也就终止了。因此，从行为结果到测试阶段都有“反馈”，我们面临的是一个递归循环。

米勒的模型已被应用于信息技术和人工智能。但这里有一个可借鉴的基本思路：“测试”我们所处的位置和我们所知道的目标状态来学习达成目标，继续努力或改变我们正在做的事情，再次测试，并重复，直到达到我们想要的目标状态。那我们具体要怎么做呢？大体上，我们可以使用在上一节中讨论的自我管理策略。

教学生为自己和他人辩护的技能

教学生为自己的利益和他们关心的人的利益辩护（自我辩护技能），对他们成功追求自己的爱好很重要。

这种教导包括：

- 传授与领导力和团队合作有关的技能和经验。
- 传授与公民身份和法律权利有关的基本权利。
- 传授自信和解决问题的技巧。
- 传授公众演讲技巧和如何使用群体资源。

首先，学生需要有更明确的自我意识，建立积极的自我形象，获得自信。为了获得自我意识，学生应该学会识别他们的基本生理和心理需求、兴趣和能力。他们应该知道这些兴趣中哪些是普遍的，哪些是独特的。学生还应该知道他们的行为如何影响别人的自我意识。

学生要有能力坚定地表达自己的观点，让别人知道自己的愿望。这里的坚定是介于有攻击性和温和顺从之间的一个概念。学生需要学习如何恰当地表达他们的积极和消极情绪，在需要时发起和结束对话，真的想说“不”时，会大胆说“不”。

自主学习的指导模式

我们在促进学生自主学习的工作中提出了一个看似简单，但当时没有太多答案的问题。这个问题是：如何让教师学会指导学生自学？然而，当我们观察普遍的教学模式时，会发现所有模式都是使教师能够教学生知识和技能，而不是使教师能够教学生自学。教师在任何一天的教学中都会根据内容和情境运用多种教学模式，比如角色扮演、直接指导和社会学习模式。由此产生的教学模式被称为自主学习指导模式（Self-Determined Learning Model of Instruction, SDLMI），它为教师提供了支持自主学习的模式。

这一模式能使教师教学生自主解决问题，设定目标、制订行动计划，并根据需要调整行动计划或目标，从而实现目标。它运用了自我掌控理论中的所有元素，并整合了我们在本章中讨论的所有教学策略的各个方面。强有力的证据表明，这一模式适用于所有学生，尤其对那些学习困难的青少年非常有益。在任何内容或主题领域，教师都可以用它来教学生进行自主学习。

该模式分三个阶段实施。每个阶段都有一个要解决的问题，需要学生来回答“我的目标是什么？”“我的计划是什么？”“我学到了什么？”。教师通过回答学生由此衍生的一系列问题来教他们解决这些问题。学生的问题因阶段不同而不同，但都包括解决问题的四步顺序。教师的教学目标根据每阶段的学生问题来设置。此外，教育支持也按教师目标划分，教师可以利用这些支持帮助学生了解回答每个问题所需的知识。

在第一阶段，学生要解决的问题是“我的目标是什么”，并厘清他们已经知道的和他们想知道的之间的差异。这个阶段的问题有助于学生设定目标，引导他们获取自己想知道的内容，并且教师要支持学生设定目标。

Teaching Students to Become Self-Determined Learners

自主学习的指导模式

阶段 1：设定目标

学生要解决的问题：我的目标是什么？

学生的问题	教师目标以及基本教育支持*
1 我想要学什么？	**使学生能够识别自己独特的优势和教学需求** • 学生对兴趣、能力和教学需求的自我分析 **使学生能够交流偏好、兴趣、信念和价值观** • 沟通指导 **使学生能够优先考虑需求** • 决策指导、解决问题指导

② 关于这个话题我现在知道什么？	**使学生能够识别与教学需求相关的当前状态** ● 解决问题指导、决策指导 **使学生能够收集信息，了解他们所处环境中的机会和障碍** ● 意识指导、自我宣传指导
③ 为了学到不知道的东西，我还必须做出哪些改变？	**让学生决定是将行动集中在能力建设、改变环境，还是两者兼而有之上** ● 决策指导、解决问题指导 **使学生能够从优先级列表中选择需要解决的问题** ● 选择指导
④ 我能做些什么来实现目标？	**让学生说出目标，并确定目标实现的标准** ● 设定目标指导

* 除基本教育支持外，还可根据需要使用其他支持。更多信息请参阅《自主学习的指导模式教师指南》(*SDLMI Teacher Guide*)。

资料来源：Shogren, Raley, Burke, and Wenmeyer, 2019。

学生在第二个阶段解决的问题是“我的计划是什么？”。这个问题可以帮助学生界定学习想知道的东西所必须采取的行动和能够采取的行动之间的差别，还可以帮学生运用路径思维制订计划。该阶段结束于学生制订了行动计划并设计出自我监控过程。

Teaching Students to Become Self-Determined Learners

自主学习的指导模式

阶段 2：采取行动

学生要解决的问题：我的计划是什么？

学生的问题	教师目标以及基本教育支持*
5 为了学习不知道的东西，我应该做些什么？	**使学生能够自我评价当前状态并确定目标状态** ● 达成目标指导

6 什么会妨碍我采取行动？

使学生确定行动计划，以弥合自我评价的当前状态和自我确定的目标状态之间的差距

- 自我监控指导、自我评价指导

7 我能做些什么消除这些障碍？

与学生一起确定合适的教学策略

- 沟通指导

传授以学生为主导的学习策略

- 前因提示管理指导

支持学生实施学生主导的学习策略

- 自我指导，自我规划的指导

提供双方同意的、教师主导的指导

- 选择指导

8 我什么时候采取行动？

使学生能够制订行动计划的时间表

- 自我规划指导

使学生能够实施行动计划

- 自我指导

使学生能够自我监控进度

- 自我监控指导

* 除基本教育支持外，还可根据需要使用其他支持。更多信息请参阅《自主学习的指导模式教师指南》（*SDLMI Teacher Guide*）。

资料来源：Shogren, Raley, Burke, and Wehmeyer, 2019。

学生在第三个阶段解决的问题是"我学到了什么？"。这一问题能检查他们计划中的行动和已实施的行动之间的差距，以及他们期望学到的和他们已学到的之间的差距。学生使用自我监控收集的信息来自我评价计划的进度，并在这个阶段问题的支持下，通过决策过程确定他们的进度是否充分（如果充分，那就继续），或者是否需要改变计划或目的。

Teaching Students to Become Self-Determined Learners

自主学习模式的指导

阶段 3：调整目标或计划

学生要解决的问题：我学到了什么？

学生的问题	教师目标以及基本教育支持*
9 我采取了什么行动？	**使学生能够自我评价目标实现进度** • 自我评价指导、自我记录指导

10 我消除了哪些障碍？

与学生合作，将进度与预期结果进行比较

- 自我监控指导、自我评价指导

11 对于我不知道的事情，发生了什么变化吗？

如果进度不合理，支持学生重新评价目标

- 目标达成指导

帮助学生决定目标是保持不变还是调整

- 决策指导

根据目标被修订还是被保留，与学生一起确定行动计划是充分还是不充分

- 自我评价指导

使学生能够从优先级列表中选择需要解决的问题

- 选择指导

12 我知道我想知道的是什么吗？

让学生决定进展充分还是不充分，或目标是否已实现

- 自我评价指导、自我强化指导

* 除基本教育支持外，还可根据需要使用其他支持。更多信息请参阅《自主学习的指导模式教师指南》（*SDLMI Teacher Guide*）。

资料来源：Shogren, Raley, Burke, and Wehmeyer, 2019。

谢达·雷利（Sheida Raley）、凯丽·肖格伦（Carrie Shogren）和安妮特·麦克唐纳（Annette McDonald）讲述了两位高中教师的故事，他们认为学生需要更加自主。其中一位教师，埃利奥特女士（Ms. Elliott），是一名拥有超过 25 年教学经验的代数教师。另一位教师，杜邦先生（Mr. Dupont），是一位特殊教育教师，在埃利奥特女士的代数课上为有学习障碍的学生提供指导。杜邦先生已经在其他环境中实施过自主学习的指导模式，而他们决定一起在代数课上教所有学生学习如何设定和达成目标，以及如何更自主地学习。埃利奥特女士指出，阻碍学生学业成功的最大障碍是他们不知道如何提高独立学习的效率、掌握正确的材料以及及时完成作业。这些基本上是制订计划、设定目标、解决问题和自我管理方面的问题。埃利奥特女士和杜邦先生一起按照自主学习的指导模式中的步骤进行代数教学。仅仅一个学期后，他们就发现学生能够更好地自主学习了。他们现在正与高中英语教师讨论如何使用自主学习的指导模式支持学生在这些课上进行自主学习。

本章结尾的“从研究到实践”部分总结了实现自主学习的教学策略。在第 6 章中，我们将讨论促进学生自主学习的评估方法和涉及的技术。

Teaching Students to Become Self-Determined Learners

从理论到实践

实现自主学习的教学策略

让学生有机会学习、练习和实施与意志行为和能动行为相关的技能，并结合与自主、能力和归属相关的学生的自主性和自主学习的一般原则，引导学生形成行动控制信念，支持学生努力成为自我掌控者。

传授意志行为

为了有意志地行动，学生必须使用让他们能够启动和参与自我掌控的技能，包括解决问题、做出决策、目标设定和做计划。

学生进行自主学习，解决问题至关重要。如果你已经知道了一些东西，你不需要再去学习，因为问题的定义就是学习你不知道的那些东西。训练人们解决问题的 5 步法是:

1 问题导向。
2 问题的定义和表述。
3 制订替代解决方案。
4 做出决策。
5 实施解决方案。

决策是一个从解决问题开始的过程。它包括权衡各种选项的利弊，考虑个人的偏好、兴趣、价值观和信仰，并最终选择其中一个。从发展的角度来看，学生在学会如何解决问题后，在青春期早期就获得了做决策的必要技能。

决策过程中的 8 个主要步骤包括：

1 识别需要做出决定的情况。
2 意识到做出决定的必要性。
3 确定决策服务的目标。
4 确定行动的备选方案。
5 确定每个行动方案的结果。
6 如果采取行动，就要确定每种结果发生的概率。
7 确定每个行动方案和结果的相对重要性（价值或效用）。
8 综合考虑概率和重要性，找到最值得做出的行动方案。

接下来，我们要设定目标，调整我们的行动。当我们设定了目标，我们才更有可能花费资源来实现它。教学生设定目标的过程分为 4 个步骤：

1 确定和阐明目的。
2 为实现长期目标而确定近期目标。
3 确定实现目标所需的行动。

4 跟踪目标进展情况。

行动计划过程包括制订目标和实现目标的行动。最后，每个学生都可以参与跟踪自己目标的进展，从而提高自主动机。

计划是一个以未来为中心、以目标为导向的过程，与自我驱动和自主性相关，是目标设定过程的重要组成部分。

教学生运用路径思维的步骤包括：

1 确定要实现的最终目标（如目的地）。
2 将目的分解为小目标（如路径上的步骤）。
3 确定实现最终目标和小目标的多种选择（如不同的路径）。
4 找出最佳选择（如选择一条路走）。
5 确定实施该选择所需资源（如旅行中所需要的物品）。
6 创建时间线（如行程计划）。
7 创建跟踪和评估流程（如沿途的里程标记）。
8 评估进度，确定路径是否正确以及是否需要选择另一条路径（如是否到达目的地）。

传授能动行为

能动行为包括指导和维持学生朝着目标行动的能力，这个目标就是促进学生能动参与教学活动。

能动参与是指学生对他们所接受的教学流程的建设性贡献，包括回应教师，提出问题，并自主参与学习过程。教师可以通过以下方法向学生传授促进能动参与的技能：

- 支持学生思考并陈述他们对某个话题或主题的偏好和观点。
- 让学生自我分析其学习需求。
- 教学生阐明某个话题或要求举例说明。
- 鼓励学生自愿响应或积极参与活动。
- 尽力为班上所有学生提供发言和展示的机会。

自我管理包括使学习者能够组织和管理其资源（认知、元认知、情感、动机、行为）以解决问题，从而实现与学习和适应相关的目标。

教师经常向学生传授的自我管理学习策略包括自我分析、自我指导、自我监控、自我评价和时间管理。

目标达成技能是在设定目的后维持行动的必要技能。这个过程“测试”我们所处的位置以及我们所知道的目标状态，并且持续实施自我管理策略。

教学生为自己的利益和他们关心的人的利益辩护（自我辩护技能），对他们成功追求自己的爱好很重要。这种教导包括：

- 传授与领导力和团队合作有关的技能和经验。
- 传授与公民身份和法律权利有关的基本权利。
- 传授自信和解决问题的技巧。
- 传授公众演讲技巧和如何使用群体资源。

自主学习的指导模式是一种基于证据的教学模式，使教师能够教学生设定目标，制订行动计划，并根据需要调整行动计划或目标，从而实现目标。

该模式分三个阶段实施。每个阶段都有一个问题要解决，需要学生来回答：

- 我的目标是什么？
- 我的计划是什么？
- 我学到了什么？

教师通过回答学生由此衍生的一系列问题来教他们解决这些问题。学生的问题因阶段不同而不同，但都包括一个解决问题的四步顺序。

06

自主学习的评估方法和涉及的技术

Teaching Students to Become Self-Determined Learners

自我决定理论的提出者们观察到，从根本上说，标准化课程、高风险测验、教育问责制方法无非一种激励策略。爱德华·德西和理查德·瑞安写道：

> 通过基于小部分学生表现而对地区、学校和教师实施奖励和处罚，目的是激励学生、教师和学校在这些指标上变得更好。

但是，他们认为：

> 这种控制方法实际上激励、强化或奖励的是结果，而不是行为。

激励的结果是什么？就是标准化、常规化、预设好的教育目标。

正如赵勇说的那样，教育系统很少关注儿童的个人爱好或天赋，并且除了极少数个例，学校通常不会询问学生擅长什么、对什么感兴趣或爱好什么。但如果我们要向强调学生的自主性和自主学习的教育体系转化，我们必须要问问学生擅长什么、对什么感兴趣和爱好什么。我们必须设计并实施这样一种评估，不仅仅是检验结果，还必须为学生提供信息，帮助他们取得进步。

自主学习的评估方法

基于优势的评估

回想一下前文对澳大利亚吉朗文法学校的探讨。这所学校关注与学生幸福感和积极心理有关的指标，如心理弹性、实现目标的信心、生活满意度、幸福感、感激心和毅力。同样，促进学生自主性和自主学习的评估应关注学生的信仰、特质和幸福感，并能说明与自主学习相关的成长和进步。这种评估应该面向未来，因为它的目的不是评价，而是为促进个人进步和自我导向提供信息。这种评估应该从学生的积极参与开始，采用多种测量技术。也就是说，它应该向学生赋权。

这种评估应该是什么样子的？有许多积极心理评估的方法可以提供关于学生幸福感、心理弹性等方面的信息。玛格丽特·克恩（Margaret Kern）是墨尔本大学积极心理学中心积极教育的开创者，她一直致力于提供评估“PERMA”的工具和测量方法。

“PERMA”是马丁·塞利格曼（Martin Seligman）[①] 的心理要素模型的首字母缩写，最大化这个模型中的心理要素有助于实现快乐和幸福的生活。这些要素包括：

- 积极情绪（Positive Emotion）
- 投入（Engagement）
- 人际关系（Relationships）
- 意义（Meaning）
- 成就（Accomplishments）

这些要素听起来应该很熟悉，就像富有意义、自主、能力、归属等在自主学习中很重要一样。因此，关注自主学习就需要关注“PERMA”。

位于澳大利亚阿德莱德的圣彼得学院是一所学前班—十二年级的男子学校，它采用了“PERMA”模式来构建正面教育。例如，克恩及其同事建立了圣彼得学院正在使用的，测量青少年幸福感的“EPOCH”测量方法。这个量表从投入（Engagement）、毅力（Perseverance）、乐观（Optimism）、人

① 美国著名心理学家，积极心理学的创立者之一。相比过去几十年心理学关注的“如何减轻人们的痛苦”，他更关注“如何建立幸福感，找到自己的优势和意义”，其著作《活出最乐观的自己》《认识自己，接纳自己》中文简体字版已分别由湛庐文化策划、浙江教育出版社于 2021 年、2020 年出版。——编者注

际关系（Connectedness）和快乐（Happiness）5 个方面进行测量。“EPOCH” 测量结果是学生自我报告的，因此学生是评估和解读信息的能动参与者。

另一个在圣彼得学院实施并广泛适用的方法是儿童希望量表。斯奈德是希望理论的提出者，这个理论将希望定义为一种积极的激励状态，它基于目标导向的能量（能动思维）和实现目标的计划（路径思维）。我们在第 5 章讨论了希望理论和路径思维。儿童希望量表是一种非常简短的，通过学生自我报告对能动性和路径进行测量的方法。对儿童希望量表的使用研究发现，希望与更好的学业表现和积极的问题解决取向存在高度正相关，能够减少儿童学习情境中的焦虑和自我贬低思维倾向。

此外，虽然还有大量有关正面教育和幸福感质量和属性的问卷和测量方法，但是它们并未在学校中广泛投入使用。宾夕法尼亚大学积极心理学中心是开发和传播这些工具的先驱。

“VIA” 性格优势调查是一个关于性格优势的在线评估网站。最初的 “VIA” 优势分类是由马丁·塞利格曼及其同事克里斯·彼得森（Chris Peterson）提出的。“VIA” 评估一个人的 24 种性格优势，把它们分为六大美德——智慧、勇气、仁慈、公正、克制和超越。

“VIA” 性格优势包括创造力、诚实、善良、勇敢、社交智慧、团队合作、公平、领导力、谦逊、感激心和希望等，所有优势按六大美德组织起来。“VIA” 青年调查是针对 10 ～ 17 岁青少年 24 种性格优势的学生自我导向评估，一共 96 个项目。评估提供了 5 个显著优势信息，也就是学生得分最高的那些性格优点。反过来，教师可以利用这些信息构建充分利用学生优势的学习环境。一个常用策略是“每天以新的方式运用你的突出优点”，这句话的字面意思就说明了策略的核心是什么。例如，一个五年级的班级里，所有学生都参加了“VIA”青年调查。每天早上，教师会张贴一个学生的突出优点，学生在一天中三次展示这个优点。想象一下，学生一整天都在展现善良、谦逊、幽默、创造力、诚实、公平等美德，势必会强化他们的性格优势。我们知道学生都有这些美德，只是学校通常不会为这些美德提供被认可的机会。而吉朗文法学校实施的是另一种策略，即优势发现，学生可以发现同龄人的性格优势。此外，还有一个用于支持残疾青少年完成评估的补充文件。瑞安率先对残疾青少年采取干预措施，以促进 24 种性格优势的全面发展。

自主学习评估

“PERMA”和正面教育的评估为强调学生优势、幸福感、兴趣和爱好提供了有用的工具。同时，还有一些对自主学习环境和过程更有针对性的工具方便教师使用。首先，自我决定理论门户网站可以提供许多自我决定理论相关的评估，这些评估有助于理解学生对选择和自主的感知。例如，自我选择和意识感知量表测量的是个体感知到自己对行动有多大程度的选择权。自主功能指数是一个人对自我主导或自我和谐、兴趣获取和低敏感度控制的简单测量，换而言之，对可感知到的自主性进行测量。为小学高年级学生和中学生编制的学业自我管理问卷调查学生为什么参与学校各种相关活动，以及他们是否受到外部监管或内在激励。经修改的版本已经被验证可用于有学习障碍的学生。能动参与量表用于测量学生对他们接受的教育做出建设性贡献的程度。

还有其他可用的工具。为了让你大致对此有一些了解，我们再来介绍另一项可以网上免费获得的测量自主评估的工具——《自主量表：学生报告》（*The Self-Determination Inventory: Student Report*）。这是一项自我报告式的量表，可以按照第 3 章所述的自我掌控理论操作。具体来说，《自主量表：学生报告》包含 21 项自我报告式的测量工具，提供关于学生意志行为、能动行为和行为控制信念的信息。它测量了学生的 3 个基本特征，即意志行为、能动行为、行为控制信念，由 9 个部分组成，即自主性、自我驱动、路径思维、自我管理、自我导向、能动性思维、控制期望信念、因果信念和能动信念。《自主量表：学生报告》适用于 13 至 21 岁的人群，可以在线获取，非常易用，年幼的学生和学习困难的学生都能通过它来完成评估测量。研究结果能为学生和教师提供信息，确定与学生自己学习相关的教学需求领域，支持年轻人获得知识和技能，帮助他们能更好地进行自主学习。

教师可以用以上这些工具以及更多其他的工具（大多数免费或收费很低）来推动评估方式的改变，促进自主学习。这种评估有助于实施第 5 章中提到的教学策略，并可提供面向未来的、参与者驱动的、有助于学生自主学习的信息。

自主学习涉及的技术

很长一段时间以来，人们一直以各种方式运用技术改善教育。尽管技术有变革教育的潜力，但技术在教育中主要被用来改善当前的范式，没有引起教育的变革。事实上，在许多方面，技术通过提供更强大的工具，更方便有效的数据收集和监控手段，控制了学生的学习，强化了传统的教学范式。麻省理工学院教授和发明家米切尔·雷斯尼克（Mitchel Resnick）[①] 观察到，在新技术的帮助下，同样的教学方法被更高效地重复了几十年。已故麻省理工学院教授、教育技术先驱西摩·佩普特（Seymour Papert）曾打比方说，在传统教育范式中使用新技术就像用喷气发动机驱动马车。除非马车坏了，否则喷气发动机的能量就无法释放出来。

从墙洞实验到云端学校

苏伽特·米特拉（Sugata Mitra）的“墙洞实验”标志着技术使用方法上的巨大革新。1999 年，英国纽卡斯尔大学的教授米特拉和他的同事在印度新德里贫民窟一处墙洞里放了一台电脑。这台电脑与互联网连接，并安装了许多程序。从街上可以看到电脑屏幕，任何人都可以使用它，但是没有提供电脑的使用说

① 麻省理工学院媒体实验学习研究教授，少儿编程语言“Scratch”缔造者。他提出了培养终身创造力的“4P”学习法，其著作《终身幼儿园》中文简体字版已由湛庐文化策划，浙江教育出版社于 2018 年出版。——编者注

明书。米特拉回忆道：

> 接下来发生的事情让我们大吃一惊。孩子们从最近的贫民窟中跑出来，围在电脑旁，怎么也玩不够。他们开始点击和探索。他们开始学习如何使用这个奇怪的东西。几小时后，一个叫维韦克的人惊讶地说孩子们实际上正在网上冲浪。

更多惊奇还在后面。电脑被留在墙上的洞里，每个路过的人都可以使用它。6个月之内，附近的孩子学会了所有的鼠标操作，可以打开和关闭程序，还会上网下载游戏、音乐和视频。

米特拉在印度的另外两个地方重复了这个实验，得到了相同的结果。孩子们不用教就都学会了如何使用电脑。米特拉写道："语言和教育都不重要。"十多年来，他在不同地方、不同文化中进行了数百次类似的实验，米特拉发现，每次孩子们都能够通过自学发展深度学习。

在"墙洞实验"的基础上，米特拉发展了自组织学习环境（Self-Organized Learning Environment, SOLE）的概念。自组织学习环境也被称为"云端学校"（School in the Cloud），它本质上是将墙洞扩展到更大的场所——一所学校。2013 年，米特拉赢得了 100 万美元奖金建立他的"云端学校"。他想要实现这样一种想法：孩子们通过使用联网的计算机，基本上可以自己学习。"云端学校"将印度贫困和农村地区的孩子与"云奶奶"联系起来。“云奶奶”是英国和其他地方的志愿者，他们可能是，也可能不是真正的奶奶，但愿意通过网络电话“Skype”与在线教育公司“Coursera”的孩子互动。“云奶奶”的作用包括激发孩子的好奇心、提出疑问、认真倾听和提供温暖的鼓励。

如果仅仅把“云奶奶”当作在高水平教师数量不足的地方为儿童提供教育的一种方式，“云端学校”的重要性就很可能被低估。虽然“云端学校”本身已经非常重要，因为当今世界上有太多儿童没有机会接触到高水平的教师。但是从传统的广播电视远程教育节目到最近大规模的开放网络课程或慕课（Massive Open Online Courses, MOOC）运动，通过技术将贫困儿童与远程学习资源连接起来，这种做法已经持续很长时间了。“云端学校”的意义可远不止于此。

“墙洞实验”和“云端学校”真正意义重大之处是他们所采用的教育方法。与慕课或远程教育节目这种向学生提供预定教学内容的传统方式不同，这两项实验里没有传统意义上的教师或指导者。相反，儿童才是自己学习的主人。他们在学习上拥有自主权，自己决定自己感兴趣的学习内容，管理自己的学习。计算机或“云奶奶”们并没有决定或指导儿童学什么以及如何学，也不会根据某些标准评估学习的结果。

在许多方面，自组织学习环境是在技术支持下实现自主型教育的重要方式。“米特拉确实打算用技术改变教育，因为他相信自组织学习或学生主导的自学，是为了获得当今世界人们需要的技能，如检索信息、评估信息来源以及促进团队合作。”采访米特拉的美国《卫报》记者凯洛·凯德沃拉德（Carole Cadwalladr）这样写道。自组织学习环境并不一定只适用于通常教师资源不足的贫困偏远地区的儿童。它可以作为一种改变教育的方式，在任何地方实现自主型教育。事实上，它已经在英国等发达国家实施，并显示了其力量。今天，世界上有成千上万的自组织学习环境的实践者。

机器属于孩子

米特拉的实验表明，现代教育技术的力量只能在新的教育范式中才能实现。赵勇及其同事在他们的书《永远不要让人类去做机器的工作》（*Never Send a Human to Do a Machine's Job*）里讨论了在教育中使用技术的五大错误。错误之一是把技术当作教育者使用的一种教学工具，这在许多方面都被证实是有问题的。例如，让教师浪费时间去学习技术，限制了对技术教育潜力的开发。为了纠正这个错误，赵勇及其同事认为机器应该属于孩子。佩普特教授在他的著作《孩子的机器》（*The Children's Machine*）中指出，机器是孩子的，而不是教师的。

在自主型教育中，学校应该把技术的决定权归还给学生。应该由学生而不是教师来决定何时使用、如何使用技术去学习以及学什么。而只有当学习的自主权归还给学生，技术的决定权才能归还给他们。换句话说，当学生掌控自己的学习时，他们才可以决定如何使用技术来支持自己的学习。

搜索技术

孩子可以使用搜索技术来寻找问题的答案。今天，互联网已经无处不在，今天的孩子在与互联网的持续连接中长大。互联网已经成为一个不断增长的信息源。任何人，包括孩子，都可以从那里寻求他们问题的答案。他们可以通过收集各种现有信息寻找问题的答案，这些信息来自古籍、学术和科技出版物、政府和法律文件、博物馆网站、技术手册、视频等。他们还可以参加可汗学院、在线教育公司“Coursera”、全球网络公开课平台“edX”或其他免费的慕课在线课程、在线学校和大学的课程，对某一学科展开更系统的学习。

互联网不仅仅是信息的集合，它还聚集了大量的人。根据互联网世界统计网的数据，截至 2021 年，全球互联网用户总数已占世界人口的一半以上。这意味着，从技术上说，一个接入互联网的孩子可以与分布在世界各地的 32 亿人进行交流。因此，孩子可以向那么多人学习，或者和那么多人一起学习，他们学习的信息来源不再局限于他们所处现实环境中的成年人。如果孩子无法从现有资料中找到问题的答案，他们可以在网上询问别人，就像“云端学校”那样。米特拉观察到：

> 几年前，还没人有这样一块塑料制品，你可以对它提问，并让它回答。希腊人所谓的德尔斐神谕，我们已经实现。人们不会和机器说话，他们是在与一大群人交谈，就像蜂群一样。

对今天的许多孩子来说，几乎任何事情都可以从世界上任何地方的任何人那里学到，庞大的互联网用户使这一点变成现实。因此，技术的发展让自主型教育的可能性大大增加了。学校无论坐落在哪里，都可以也应该不再把学习科目限制在学校范围以内。

合作的技术

技术不只是让孩子能够从互联网上获取答案，也能让他们在现实环境之外寻找同龄合作者和学习伙伴。这在自主型教育中尤为重要。我们知道学习是社会性的，孩子在学习活动中十分重视社会联系和社会认可。但当孩子致力于自己的学习时，可能会出现这样的情况：一些孩子想要学习的科目在他们所在班级或学校里是没有的，他们因此很难找到志同道合的同伴一起学习。庞大的互联网用户让孩子有可能找到拥有共同兴趣的人，无论他们的兴趣多么不寻常。

找到有相似兴趣爱好的人对孩子来说至关重要，原因有很多。首先，许多人与他们分享兴趣爱好，有助于让他们确信自己独特的追求并不反常或怪异。其次，孩子能够与来自不同文化和背景的人协作或合作学习。虽然他们可能对学习有相似的兴趣，但他们不同的文化背景可以为共同感兴趣的话题带来不同的观点，从而促进学习。最后，孩子与来自世界上不同地区有相似兴趣的人一起学习，可以拓宽视野，有助于培养跨文化交流和协作的技能，这在全球化时代是一种必不可少的素质。

技术也使得远程协作变得非常容易。视频和音频会议系统可以随时同步会议。基于云的协作工具，如谷歌工作空间（Google Workspace）教育版，可以轻松实现跨越时空的协作。Twitter、Facebook 和 Instagram 等社交媒体平台也为社群建设提供了强大的工具支持。

创造的技术

自主型教育是为了让每一个孩子实现他们的个人潜力，从而实现独一无二的成就，开发他们的创造力，培养他们的进取精神。科技具备这种潜力，帮助孩子为了实现独一无二的成就而获取专业知识和远方的同伴。它还可以通过创造对他人有价值的产品和服务来帮助孩子发展他们的创造力和进取精神。

技术一直被用来促进深度学习以及通过制订有意义的目标来发展创造力。例如，长期以来教具一直被用于促进幼儿的数学学习。数字技术的出现极大地扩展了技术的能力，让孩子们参与到创造性建设中来。20 世纪 80 年代，佩普特及其同事开始探索技术在促进深度学习和培养创造力方面的力量。

这个传统在过去几十年里得到了极大的发展，其中最值得注意的一个成果是，佩普特的学生雷斯尼克领导开发了“Scratch”编程语言，使数百万孩子能够创造互动故事、游戏、音乐和艺术。像“Scratch”这样的技术工具提供了一个支持孩子创造力发展的环境，因为正如雷斯尼克在他的著作《终身幼儿园》中所写的那样，“关键的挑战不是如何向孩子‘传授创造力’，而是如何创造一个土壤肥沃的环境，让他们的创造力在这里扎根并茁壮成长。”

“Scratch”并不是唯一通过技术激发创造力的软件。还有许多其他技术工具可以用来促进孩子创造力的发展。例如，孩子可以使用动画软件创作 2D 或 3D 动画故事或电影。他们可以使用智能手机自带的、很容易使用的视频软件和相机来制作电影。除了“Scratch”，他们也有其他软件可以创作美术作品、音乐和游戏。他们还可以使用 3D 打印机或激光切割机制作实体物品。科技在孩子发挥创造力方面所起的作用是无限的，而且它的价格也越来越亲民。

科技让孩子可以很容易地将他们的作品分享给数十亿人。他们可以很容易地将作品发表在网站或社交媒体平台上，全世界的观众都可以立即看到。他们可以与世界上任何人分享他们的照片、音乐、视频和其他艺术品。他们也可以将实体产品提供给全球市场的消费者。

将产品提供给其他人可以极大地扩展创业学习的机会。创业本质上就是为他人创造价值，即以服务和产品来解决他人的问题，改善他人的生活。因此，创业学习需要受众或客户。而技术扩大了潜在受众和客户群的规模，使孩子更有可能找到需要他们的产品或服务的人。

评估和组织的技术

孩子还可以利用技术组织、管理、评估和展示他们自主学习的经验。数字技术是一个强大的工具，具备各种灵活的收集、组织和呈现信息的方式。在自主型教育中，学生需要与成年人（教师和家长）共同制订个性化学习计划并学会组织和管理这份计划。他们需要展示自己的学习成果并评估自己的学习进展。孩子的优势和兴趣各不相同，这些作品可以用各种形式展现。例如，对于那些对艺术感兴趣的人来说，作品可能是绘画；而对于那些对电影制作感兴趣的人来说，作品可能是视频；对于追求创意写作的学生来说，作品可能是文章。无论作品采用哪种形式，孩子都可以将它组合成数字作品集，并将其呈现给其他人，比如教师和家长，进行评估和反馈。

孩子也可以使用技术来管理他们自己的学习环境。有各种各样的技术工具帮助孩子完成日常任务，比如日程安排，这样孩子就可以更好地管理时间，跟踪自己的任务。在线工具还可以帮助孩子管理联系人，这有助于他们管理与他人的合作关系。此外，孩子可以使用技术来组织管理他们的学习资源，比如网站、视频集和电子书。教师、学校管理人员、家长和其他相关人士也可以使用技术手段帮助孩子管理自己的学习。基于云的应用程序和协作平台使成年人能够一同参与孩子的学习。他们可以根据与孩子共同制订的个性化学习计划监督进度，提醒学生即将到来的任务，对孩子的成果提供反馈，并且推荐补充的学习资源。

技术的另一面

虽然科技具有巨大的教育潜力，但它也有另一面。它会使孩子与大自然疏远。它会导致孩子对种各样的东西上瘾，比如，沉迷游戏、社交媒体、短信，疯狂地看大量在线视频。它为网络霸凌提供了平台。过度使用科技产品会导致孩子运动不足、视力下降以及其他健康问题。它不仅会导致孩子肤浅地处理信息，还会导致孩子获得有偏见或不真实的信息。因此，社会上有很多关于限制孩子“屏幕时间”和禁止在学校使用智能设备的讨论。

尽管技术存在另一面，但简单地限制或完全禁止技术并不是解决问题的方案。科技是一个强有力的工具，禁止它就像把婴儿连同洗澡水一起倒出去，而且，在一个科技社会里，孩子无法真正避开科技。一个更有效的方法是帮助孩子发展数字化能力，这是一种在数字世界中健康而富有成效地生活的能力。

负责而有成效地使用技术的能力可以通过自主型教育有效发展起来。当孩子们使用科技来协助自己学习的时候，他们就有了自主权，自主权总是与责任相伴。因此，他们需要弄清楚如何富有成效地、负责地运用技术来实现他们的学习目标。他们不需要花费时间和精力来逃避成年人的监督和监管。正如雷斯尼克所指出的：

> 我认为家长和教师与其减少孩子面对屏幕的时间，不如尽量增加培养创造力的时间。重点不应该是孩子们在使

用什么技术，而应该是孩子们在用这些技术做什么。

把评估和技术还给孩子

为实现自主学习，效果评估总是一个值得关注的问题。自然，家长、教育者和公众总是非常想要了解孩子是否在学习合适的东西、取得足够的进步。但是，与传统教育范式密切相关的传统评估范式已经过时了。传统评估范式是在用预设的标准和群体的平均水平来评判单个学生。它评估知识获取，但没有考虑其他更重要的结果，比如独特性、创造力和进取精神。新的教育范式需要新的评估范式。在本章中，我们讨论了新的评估范式，并列出了一些自主学习的评估工具。

技术，特别是数字技术，在改变教育和学习方面具有巨大潜力。然而，不断增长的技术力量只能在自主型教育这种新的教育范式中被加以控制并利用。反过来，自主型教育也可以从技术中受益。我们已经介绍了一些用技术实现并支持自主型教育的方法。关键是要把技术的决定权还给孩子。

本章的“从研究到实践”部分总结了评估方法和评估技术在促进学生自主学习中的重要作用。在第 7 章，也就是最后一章，我们来看看如何将所有措施整合到一起，实现学生的自主权和自主学习。

Teaching Students to Become Self-Determined Learners

从理论到实践

自主学习的评估方法与涉及的技术

如果我们要向强调学生自主性和自主学习的教育体系转化，我们必须要问学生擅长什么、对什么感兴趣和爱好什么。

促进学生自主性和自主学习的评估方法应该：

- 关注学生的信仰、品质和幸福感。
- 说明与自主学习相关的成长和进步。
- 面向未来（例如，提供信息以促进进步和自我导向，而不是对他们进行评价）。
- 从学生的积极参与开始，采用多种测量技术。
- 向学生赋权。

有许多积极心理评估可以提供关于学生幸福感、心理弹性等方面的信息。已经有学者提供了用来评估 PERMA 的工具和测量方式。PERMA 的要素是：

- 积极情绪
- 投入
- 人际关系
- 意义

- 成就

儿童希望量表测量了学生的能动性和路径，发现希望与更好的学术表现和积极的问题解决取向存在高度正相关，能够减少学习情境中的焦虑和自我贬低的思维倾向。

“VIA”性格优势调查是一个对一个人 24 种性格优势的在线评估网站。

“VIA”性格优势包括创造力、诚实、善良、勇敢、社交智慧、团队合作、公平、领导力、谦逊、感激心和希望等，它们被分为六大类美德：

- 智慧
- 勇气
- 仁慈
- 公正
- 克制
- 超越

有许多与自我决定理论相关的测量方式，提供了学生对选择、自主、能动性和参与的感知的信息。

《自主量表：学生报告》是一个可免费提供的标准化自主测量工具，依据自我掌控理论创建。

技术对改变教育范式至关重要。在自主型教育中，学校应该把技术的决定权还给孩子，而不是使用技术向学生提供规定好的和预先确定内容和标准的教学。孩子，而不是教师，决定何时使用、如何使用技术去学习以及学什么。

只有将学习的自主权归还给孩子，技术的决定权才能归还给他们。当孩子掌控自己的学习时，他们才可以决定如何使用技术来支持自己的学习。

技术可以被用来：

- 搜索。孩子可以使用技术寻找问题的答案。
- 合作。孩子可以在学习中使用技术，寻找他们在现实环境之外的同龄合作者和伙伴。
- 创造。孩子可以利用技术获取专业知识、认识远方的同伴，实施他们独一无二的成就，并通过创造对他人有价值的实体产品和服务来发展创造力和进取精神。
- 评估和组织。孩子可以使用技术来组织、管理、评估和展示他们的自主学习经验。

教育者需要帮助孩子发展数字化能力，这是一种在数字世界中健康而富有成效地生活的能力，并使他们避免受数字技术的负面影响。

07

适合所有孩子的自主学习

Teaching Students to Become Self-Determined Learners

“任何地方的学校都可以发起一个自主计划，”苏珊·恩格尔在她《纽约时报》的专栏文章中写道，“它需要的只是认真、投入的学生和支持他们的教师。”

恩格尔是对的。第1章讨论的自主计划用一种看上去非常简单的方式示范了如何实施自主型教育。第一，自主计划并不是对现有学校的彻底改造。它没有试图强迫每个人都采用新范式。它没有扰乱整个学校秩序。相反，这只是少数想体验新学习方式的学生的一种选择。这是一种邀请，而非强制。因此，它没有遭到拒绝，尽管它确实遇到了一些阻力。这种“校中校”的方法比试图改变整个学校更容易获得成功，特别是在一所受制于联邦和州法规要求的公立学校中更是如此。

第二，自主计划是师生自主创建的。它不是一个由外部人员创建的现成的项目，也没有任何外部顾问。它自然地与学校社区里的人一起发展起来。这就减少了常见的对外来事物的抵制和怀疑。

第三，自主计划没有给学校增加大量额外的财政成本。虽然这确实需要花费教师的工作时间，但在常规课程中教这些学生反正也要花时间。它显然不需要聘请额外的工作人员，也不需要额外的设施和设备。因此，即使对预算紧张的学校来说，完成这个项目也比较容易。

戴维·莱恩的实验

在利奥敏斯特高中（Leominster High School, LHS），戴维·莱恩（David Lane）将恩格尔的理念付诸实践。利奥敏斯特高中位于自主计划的诞生地纪念碑山地区高中以东，两所高中相距只有大约160千米。莱恩是利奥敏斯特高中的一名教师。2013年3月，在一名学生的推荐下，他在YouTube上看到了关于自主计划的视频。从那时起，他已经尝试推行这个项目5年之久。

那位学生和莱恩演讲课上的其他学生决定，他们应该在自己的高中办一个类似的项目。莱恩是一名经验丰富的教师，也是自我导向教育理念的长期拥护者，他支持学生们的这个决定，由此开始了这段坎坷而激动人心的旅程。从2018年起，莱恩发表了4篇文章来讲述他的这段旅程。

为了启动这个项目，莱恩和他的学生们写了一份提案交给校长。校长性格谨慎，但愿意接受新事物。他建议把这个项目由“校中校”的全日制模式改为每天一个时段，这样学校就可以在下一学年向学生提出这个项目（因为要像原版自主计划那样获得关于全日制项目的批准已经太晚了）。校长承诺，如果这个项目对学生有好处，他将向学校委员会提交提案，争取在第二年将其扩大。

莱恩同意在2013—2014学年根据经过修改的方案带领自主计划班。这个试点项目显然是成功的，至少不是一场灾难，因为莱恩说："在项目中学生们学习日语、创作艺术品、研究比较宗教学、分析文学、探究健康饮食以及研究统计数据。"他又补充说："顺便提一下，这些学生后来也从事了语言学、摄影、教育、体育管理和医疗保健相关的工作。"成功的另一个证据是，校长没有要求莱恩停止这个项目，相反，他支持将这个项目扩展为全日制项目，并提出将自主计划作为固定课程列入莱恩的工作时间表。作为这个班级的领头人，在试运行的那一年里，莱恩的教学日程排得满满的。

然而，原先商定的扩大计划被学区新任督学的到来打乱了。校长要求莱恩再等一年。因此，2014—2015学年依然是每天只有一个时段用来进行这个项目。

随之而来的是更多的干扰。新任督学和莱恩所在高中的校长在学校发展方向上意见不一。校长辞职并离开了这个地区。虽然校长确实保证了这个项目依然在学校教学的日程安排中，并在2015—2016年继续推行，但由于学校未来领导层的不确定性，原本非常有希望的扩大计划被搁置了。莱恩和学生们"不禁感到自己如同被出卖了一样”。

后来，情况变得越来越糟糕。临时校长取消了这个项目，她显然是单方面做出的这个决定。“她从没有走进过我的教室，也没有和我或参与项目的学生沟通，”莱恩写道，“她甚至没有事先向我告知她的决定。”当莱恩发现自主计划不在他第二年的日程表上时，他被激怒了，“那天我差点辞职。”

然而，学校新聘请的一名终身校长让莱恩重新看到了希望。在校长正式入职前访问学校的时候，莱恩特意请参与项目的学生与校长见面。显然，学生们在推销项目方面做得非常出色。“15分钟后，他带着学生们走进我的教室，”莱恩回忆道，“他很快就成了我们项目的支持者。”

从2016年1月开始的第二学期，新校长恢复了这个项目。但仍然只是一天一个时段。第二年，这个项目扩大到两个班，还是一天一个时段。

莱恩并没有放弃按照最初设想运作项目的梦想。在新校长的支持和鼓励下，他向学区的学校委员会发起提案，希望使自主计划成为一个全日制的项目。提案在2017年4月准备好，但那时已经太晚了，因为下一年的学习计划已经制订好了。

“我崩溃了。”莱恩写道。但是校长鼓励他不要放弃。自主计划也越来越受欢迎。在2017—2018学年，有90名学生申请加入该项目。校长告诉莱恩，他可以把大部分时间花在教这个项目上，因为它已经被扩展到了三个班，但每天依然只有一个时段。

莱恩仍然想争取一个由学生掌控的全日制项目。他继续推动这份提案。督学告诉他，他很喜欢这个提案，他将把它提交给学区的学校委员会审议。他还承诺让莱恩参加下次委员会的会议，这样莱恩就可以阐明自己的观点。但这个承诺没能实现。督学在他的合同到期之前，在我们的提案被列入议程之前，就辞职离开了。

2017 年 12 月，一名临时督学上任。莱恩给她发了一封电子邮件，告诉她前任的承诺，并告诉她，他急于在学校委员会的下次会议上提交这份提案。他没有直接从临时督学那里得到任何答复。相反，临时督学让利奥敏斯特高中的校长通知莱恩，他的提案不会被列入当年任何学校委员会的会议议程。临时督学告诉校长："由于学区的巨大变化，现在不是为这所高中扩大新项目的'合适时机'。"

此外，没有其他人回应莱恩的提案，没有建议，没有赞赏，甚至没有批评，就好像这个提案从未存在过一样。莱恩感到气馁："我们的项目已经推行 5 年了。我们高中的自主计划明年不会扩大了，也许永远都不会了。"

自主计划确实没有再扩大，因为它被取消了。莱恩从利奥敏斯特高中辞职，并于 2018 年离开马萨诸塞州，成为新罕布什尔州一所特许学校的校长。

莱恩的实验证明恩格尔是对的，也是错的。是的，自主计划被成功实施了，然而，它并没有发展起来。它充其量只是部分实现了。自主计划不是一个全日制的“校中校”项目，而是一个班，一天一个时段。这种部分实施的项目虽然很容易启动，但产生了负面影响。

莱恩推行自主型教育 5 年经验的意义，远远超越了测试自主计划是否可以在任何学校复制。在许多方面，莱恩运作自主计划的经历是非常典型的。纪念碑山地区高中自主计划的经历也是如此。这些经历与关于公立教育中实施创新的研究结果一致。因此，它对未来在传统体系中如何实施自主型教育具有重要意义。

在前几章中，我们已经阐述了学生自主学习的所有理由。我们还描述了世界各地许多学校正在推行实施自主学习的案例。我们提出了帮助学生发展自主学习能力的一些策略。此外，我们还讨论了使自主学习成为可能的必要条件。在结论部分，我们将首先讨论从莱恩的自主计划中汲取的教训。这是一段发人深省的旅程。然后，我们将尝试为那些有兴趣让所有学生都能获得自主型教育的教师和学校领导提供一些实用的建议，无论他们的学生多大以及他们的学校在哪。

实验的教训

戴维·莱恩的实验为倡导新教育范式的教育者提供了一些重要而深刻的启发。简单地说，改变传统教育范式比发起一个项目更具挑战性、更复杂，它需要的不仅仅是几个坚定的个人。

倡导者是必要的

尽管戴维·莱恩为无法扩大利奥敏斯特高中的自主计划而感到沮丧，但他能够启动该项目这个事实表明，一些敬业的、有远见的教育者对传统教育感到失望，他们在不断为学生寻找更好的教育模式。莱恩就是一个例子，纪念碑山地区高中的招生顾问麦克·鲍威尔也是，他在发起初始的自主计划时发挥了重要作用。

这还表明了很多学生厌倦了他们的学习体验，正在寻找不一样的学习体验。把自主计划视频带给莱恩看的学生，以及最初发起自主计划的塞缪尔·莱文，还有同莱恩和莱文一起在这两所高中发起自主计划的学生，他们都是很好的例子。

许多教育者和学生都在等待一个倡导者，一个发起者——一个愿意提出计划或发起行动的人。比如，莱文和他的母亲是纪念碑山地区高中自主计划的发起者，将自主计划视频介绍给莱恩的学生也是莱恩项目的实际发起者。

学生、家长、教师、学校领导或学校社区成员，他们中的任何人都可以成为一名倡导者。但倡导者需要具备一些特质。第一，他们需要对现状相当不满，否则他们就没有必要寻求改变，比如，莱恩和莱文都不喜欢传统教育。

第二，他们要有信心，相信自己能够带来改变。许多人可能对传统教育非常不满，但很少有人相信自己能对此做些什么。莱恩和莱文相信他们可以发起变革，这使他们成为倡导者的榜样。

第三，他们需要有发起变革的勇气，并为可能的后果承担责任。许多人可能对传统教育不满，也相信自己可以带来改变，但他们可能担心这需要花费他们额外的时间，更重要的是，他们担心遭遇潜在的负面结果。除了变革可能带来的负面结果外，还有其他与变革相关的负面影响，比如可能与校领导发生冲突，被同事抵制（嫉妒）。莱恩和莱文通过主动发起支持自主学习的项目，展示了他们的勇气。

第四，倡导者需要对灵感保持敏感。很多人可能会感到不满，有信心也有勇气，但当想法激发他们行动的时候，他们没有灵感。灵感可以来自任何经历，读书、听演讲、听课或徒步旅行，并且往往在意想不到的时刻降临。所以，倡导者需要时刻保持敏锐的思维，随时准备行动。在莱文这个例子里，出现灵感的时刻就是他母亲问："你为什么不建一所自己的学校？"对莱恩来说，这个时刻是他在 YouTube 上看到关于自主计划的视频。

只有倡导者是不够的

每个学校都有具备倡导者特质的人。但想要成功，他们需要支持性的环境，这种环境很难获得。

一个支持性的环境不能仅有几个支持性的个体。它包括一所学校的集体思维倾向、文化和制度的基础配置。对于那些不挑战现有文化或改变现有制度的小改变，有支持性的个体，比如校长，可能就足够了，而更重大和重要的变革需要制度变革，这种变革在传统教育体系中很难实现。因此，启动自主型教育似乎很容易，但维持和扩大它，使更多学生掌控自己更多的时间很难。

莱恩能够在利奥敏斯特高中发起自主计划是因为有一些支持性的个体，或者至少是处于领导地位的个体没有强烈抵制或明确反对。在经历自主计划的三位校长中，至少有一位表示接受和支持，一位表示非常支持，还有一位表示反对并取消了项目。三位与项目有交集的督学，第一位不知道项目的存在，第二位似乎支持（愿意把提案提交给学校委员会），第三位最坏的情况是不知道（没有关于她对提案看法的信息，但她同时在忙其他事）。我们也不知道学区学校委员会成员的意见，因为他们可能甚至没有见过这份提案。

虽然利奥敏斯特高中的教职工对自主计划心存怀疑，但他们最初没有抵制它。据莱恩说，后来由于学区的预算危机，班级规模扩大，莱恩的同事中间弥漫着一种情绪，他们认为自主计划是在浪费时间和资源。但这种情绪并不是自主计划不再扩大的直接原因。事实上，莱恩说服了他的 4 位同事去参观自主型教育的光辉典范——北极星，一个不以学校形式实施教育的组织。同样，纪念碑山地区高中的教职工最初也有一些这样的怀疑。

“那些担任学区领导的成年人把事情搞得一团糟。”莱恩在他的文章中写道。成年人的混乱是自主计划暂缓扩大的最直接原因。人事动荡、预算危机以及权力斗争没有给这个项目发展的机会。在过去的 5 年里，利奥敏斯特高中和学区发生的预算危机以及权力斗争、领导层变动等问题，在公立教育体制中并不少见。这个体制由成年人设计，服务于成年人。因此，它更关心成年人的利益，而不是学生的利益。这个体系可以容忍微小的变化，但它捍卫成年人的利益，不愿被任何触动成年人利益的努力打扰。

换句话说，阻碍利奥敏斯特高中自主计划扩大的是制度惰性，是一种什么都不做或保持不变的思维倾向。很明显，学校和学区并没有积极推动变革。学校没有断然拒绝这个项目，但也没有积极鼓励或热情地接受它。在某种程度上，它把一位坚定不移的教育革新者和他满怀热情的学生当作一种麻烦。从学校利益角度来看，校领导没有特别努力地去改变学校委员会日程安排或时间节奏去审议这份提案。学校和学区只是照常运转。而学区也没有刺激变革的制度机制，甚至对此毫无兴趣。

剂量很重要

由于缺乏支持性的环境，利奥敏斯特高中的自主计划未能发展壮大。事实证明，这个项目没有发展起来对项目本身是有害的。莱恩确信继续以一天一个时段的方式推行自主计划会适得其反。他是对的。在2017—2018学年，大多数学生选择利用他们自主计划的时间做其他课的作业和项目，而不是像第一年的学生那样，学习令他们兴奋的东西。每个参与项目的学生每周至少有一天，选择用这个时间做其他课的作业或项目。而为了兑现让学生们自己决定如何利用时间的承诺，莱恩没有干涉。

这当然不是莱恩所期望的归还学生教育自主权的结果。有些人可能会认为，这个结果证明学生不能真正有效地利用他们的时间，因此不能相信他们可以对自己的教育拥有自主权。但莱恩认为，真正的问题恰恰相反：学生们没有足够的自由，因为决定学什么、如何学以及为什么学的自由不能限制在一天一个小时之内。参与项目的学生不可能在一个提供标准化课程的班级里学他们不喜欢的东西，同时又在内心中认可一种思想，即没有人能限制、限定或阻止他们学习任何他们想学的东西。当他们大部分时间根本身不由己的时候，我们是无法让他们相信自己能够自由利用时间学习自己想要的东西的。

莱恩指出了关于自主型教育的一个重要的现实问题——剂量。在医疗中，人们必须充分接受治疗才能达到预期的效果。充分接受治疗包括每次的剂量、频率和治疗总量。一个人不能只使用规定剂量的一半，就期待达到预期的治疗效果。教育也是如此。学生必须充分接受一个教育计划，才能获得预期的效果。在自主计划案例里，学生一天中只有一个时段与整天都可以实践自主学习的效果自然是不一样的。

我们提倡学生在整个在校学习生涯中都能对自己的教育行使自主权。但这对许多传统学校来说太激进了，至少在一开始是这样，就像莱恩经历的那样。许多学校关注的是帮助学生达到州标准和被大学录取，这是可以理解的。因此，现实地说，许多学校不可能在一夜之间改变它们的做法。

因此，我们需要关注阈值的问题。也就是说，为了从自主学习中获益，学生所需的最低限度的自由是多少？如果一个时段不够，那么每天两个时段或者半天可以吗？如果确定学校不能提供最低标准，那么是否甚至不应该尝试？还是有总比没有好？

与之相关的问题是一个学期是否足够。最初的自主计划持续了一个学期。显然，这一学期取得了显著的成果。但是，如果学生两年中每年一个学期，三年中每年一个学期，或者给他们一整年，结果如何？他们会收获更多吗？

这些问题没有正确答案，因为答案很大程度上取决于预期的结果和项目的质量。也没有系统的证据表明多少剂量是正确的。不过莱恩的建议很明确：不要以一天一个时段这种形式推行项目。

学生放弃了他们的自主权

“学习，如何学，为什么要学，没有人可以剥夺人的这项权利，但是人们可以自己放弃它。”自主计划中许多学生选择利用自主时间去做家庭作业和其他课程项目，莱恩对这个事实进行反思后得出这样的结论。他哀叹：

> 但是想想看，当被赋予如何使用自己时间的自由时，几乎所有人，至少在某些时候，会选择做自己不想做的，别人强迫他们做的作业。

学生放弃自主权的原因有很多。参与自主计划是一个获得更多可支配时间的实用方法。正如莱恩观察到的那样，一些学生想利用参加自主计划的时间做其他课程的作业，这样他们就可以有更多时间在放学后追求自己的兴趣。换句话说，学生们想要掌控自己的时间，但接受学校教育是他们无可避免的灾难。所以，如果他们可以利用在校时间做功课，他们会很乐意接受这个选择。

学生们已经习惯于不相信他们有权利决定学什么、什么时候学，或者如何学习。从他们开始上学的那一刻起，大多数学生被教导要遵循统一的标准课程安排。他们很少有机会选择他们想学什么，更不用说被问到想学什么了。因此，大多数学生从未决定过他们在校学习的内容。

在学校里，学生的时间是按分钟分配的。他们遵循预先制定好的统一时间表。即使是为了参加更有意义的教育活动（如与同学进行重要的交流、完成一个艺术项目，或读一本引人入胜的书），也不允许上课迟到（更不用说旷课了）。要想成为一名好学生，每节课都要准时到。

同样，学生在学习方式上也几乎没有选择余地。他们必须跟随教师，而教师又被训练出特定的授课方式。学生必须从成年人选择的资源中获取信息，还必须在课堂上进行教师规定的活动。此外，他们必须以教师认可的方式和行为来展示自己所学的知识。

传统的学校教育奖励服从，惩罚不服从。为了分配资源，这个体制使用日常考核评分和考试成绩对学生进行分类。那些取得更好的日常考核评分和更高的考试成绩的顺从的学生，被认为是好学生。好学生受到表扬，并有机会进入更好的大学。尽管有研究发现学位与实际工作表现几乎没有关系，但更好的大学还是会带来更高的社会地位和更高的收入。与此同时，所谓不听话的学生被认为是表现不佳的学生或者坏学生，他们被剥夺了体面的未来。结果是大多数学生已经开始接受这样一个事实：如果不按学校希望的方式去做，他们的未来就注定会失败。因此，对许多学生来说，他们害怕掌控自己的学习，这让他们感到不舒服。

此外，学生需要学习如何有效地利用他们的时间。学生需要有机会去学习如何做出明智的学习决定以及锻炼管理学习的技能，否则他们就无法发展出行使自主所需的知识和技能。因此，当他们突然被给予自由时，他们会不知所措，很容易退回到他们熟悉的舒适区域。

这样一来，学生会放弃他们的教育自主权也就不足为奇了。即使把权利归还给他们，许多学生还是拒绝接受他们可以掌控自己的学习这一客观事实，就像莱恩的自主计划班那样。莱恩讲述了他的观察：

> 我有时能做到的就是向年轻人展示一个客观事实，即他们总是能掌控自己的时间。我不确定这是否足够，但在自主计划中，这件事是不可否认的。这让他们不得不直面自己内在的力量，即他们对自己时间质量的控制。然而，我的许多学生拒绝接受这个事实。因为他们觉得自己应付不了。

我们可以做些什么

既然这本书你已经读了这么多，你一定相信为所有学生提供自主型教育是有必要的。如果是这样的话，从莱恩经历中吸取的教训告诉我们，无论我们在今天的教育中扮演什么角色，都可以采取一些行动。

学生

学生也许是变革最有力的推动者。学校因为学生而存在。没有学生，学校就会消失。因此，学生可以对传统教育体制和机构施加最大的压力。

我们希望所有学生都能认识到这样一个事实。你可以也应该拒绝被学校定义，积极要求归还自主教育的权利。你的日常考核评分不能定义你是谁，或者定义你可以成为怎样的人，你的考试成绩同样不能。如果你对自己的教育经历不满意，那就采取行动，创造一个不一样的经历，就像莱文和那个让莱恩注意到自主计划视频的学生一样。

除了影响自己的学习，学生还可以做更多。他们可以对教育产生更广泛的影响。例如尼克希尔·戈亚尔（Nikhil Goyal），他对教育体制非常不满，于是他在高中时就写了一本颇具影响力的书——《一种方法不能解决所有问题》（*One Size Does Not Fit All*）。他没有上大学，后来成为一名有影响力的教育记者和作家。2015 年，四年级学生悉德妮·斯穆斯（Sydney Smooth）向佛罗里达州赫尔南多县学校董事会成员发表了一段两分钟的关于标准化测试的演讲。在演讲中，她抱怨说“考试把我看成一个数字”“一场考试通过数字把我定义成一个失败者还是成功者”。她的演讲视频在网上疯传，截至 2019 年 1 月，点击量已超过 200 万次。莱文还与母亲恩格尔合著了一本书，分享他实施自主计划的经验。

教师

教师是传统教育体系的主要参与者。对学生来说，他们是教育最直观的构成部分。传统教育系统通过教师向学生传递影响。因此，他们对学生的日常经历影响最大。教师可以通过多种方式帮助学生体验自主型教育。

尊重学生的权利。教师至少应该尊重学生自主学习的权利。我们理解在传统教育中，教师面临着执行系统意志和传授规定内容的压力。他们要对学生的学习成绩负责。但是，当遇到那些不能从传统教育中受益，并专注于自己爱好的学生时，教师至少应该允许他们这样做，而不是惩罚他们或者疏远他们。

成为合作伙伴。教师可以做得更多，他们可以作为学生的合作伙伴，帮助那些希望对自己的教育行使自主权的学生。教师不需要改变整个班级来做到这一点。

成为提供者。教师可以在课堂上提供自主权。他们可以把班级的一部分或全部变成由学生做主的教育平台。他们也可以积极地帮助学生发展自主教育技能，正如前面章节所讨论的。

成为倡导者。我们希望更多的教师成为自主型教育的倡导者。像莱恩一样，他们可以倡导学生自主教育的权利，领导创建提供自主教育的项目。此外，他们可以通过传播信息来倡导自主教育，比如，引导同事的专业发展，通过写文章和在会议上发言向他们的领导和公众推广自主型教育。

学校领导

担任学校领导职务的人是教育制度的守护者。学校董事会成员、督学、校长、课程主管和其他居于领导地位的人负责学校的制度文化。虽然学生和教师确实可以发起项目，但莱恩的经验表明了项目能否发展并推广在很大程度上取决于制度文化。

学校领导可以创造一个激励、支持和促进创新的环境，欢迎有创新精神的教师和学生。他们可以通过放松监管和标准化为创新创造空间。他们可以通过设立用于支持自主型教育项目的款项来激励创新。为了促进自主型教育，他们可以完善制度所需的软硬件条件，例如设置专门的办公室。如果有机会，他们可以积极而富有创造性地创建支持自主型教育的项目或学校。

政策制定者

各级教育系统的决策者应该开始接受传统教育范式已经过时的事实。建立在这种范式上的制度无法满足今天的孩子和社会对教育的需要，更不用说未来了。对改善制度的努力投入多少都不算足够，我们需要的是一种新的范式。

认识到新的范式不能立即强加于所有学生和所有学校，决策者可以从允许和支持基层创新开始，为学生提供自主教育的机会。下一步是制定政策和计划来刺激这一领域的创新。他们应该逐步制定政策，授权学校将自主权作为所有学生的一种选择。这也意味着旨在加强传统教育范式的政策将走向没落，比如统一的课程设置和基于标准化考试的评价模式。

写在最后：与斯德哥尔摩综合征作斗争

斯德哥尔摩综合征是一种使人质与劫匪产生心理联系的心理状态。心理学家弗兰克·奥赫伯格（Frank Ochberg）是美国国家重大危机事件分析中心的创始人之一，也是美国国家心理健康研究所的前副主任，他创造了这个词，描述在瑞典斯德哥尔摩的一件绑架案中，人质与劫匪之间的情感关系。奥赫伯格在《洛杉矶时报》上发表的一篇评论中写道，这是“对给予生命本能的感激，这种情绪最终发展并分化为各种各样的情感和爱”。

教育者普遍患有斯德哥尔摩综合征。我们都被传统教育绑架。我们感激这种教育帮助我们成为现在的自己。我们与传统教育形成了各种不同的“爱情”关系，我们害怕失去或破坏我们的“爱情”。

但是，现在是时候拒绝这种非理性的情绪，同时切断我们与传统教育的联系了。为了我们的未来，我们需要开始让自主型教育成为所有孩子的选择！

Teaching Students to Become Self-Determined Learners

从理论到实践

自主型教育的全部

改变传统的教育模式需要倡导者。学生、家长、教师、学校领导或学校社区成员他们中的任何人都可以成为倡导者。但倡导者需要具备一些特质，他们需要：

- 对现状相当不满。
- 相信自己能够带来改变。
- 有发起变革的勇气，并为可能的后果承担责任。
- 对灵感保持敏感。

但仅有倡导者是不够的。为了成功，学生需要一个支持性的环境，包括学校的集体思维倾向、文化和学校制度的基础配置。

此外，剂量也很重要。学生一天中只有一个时段与整天都可以实践自主学习的效果自然是不一样的。

学生们已经习惯于不相信他们有权利决定学什么、什么时候学，或者如何学习。从他们开始上学的那一刻起，大多数学生被教导要遵循统一的标准课程安排。他们很少有机会选择他们想学什么，更不用说问他们想学什么了。因此，大多数学生从未决定过他们在校学习的内容。

学生，也许是变革最有力的推动者，再加上教师这一传统教育体系的主要参与者，可以成为创造变革的关键力量。

教师可以通过多种方式帮助学生体验自主型教育：

- 尊重学生的权利
- 成为合作伙伴
- 成为提供者
- 成为倡导者

学校领导可以：

- 创造一个激励、支持和促进创新的环境，欢迎有创新精神的教师和学生。
- 放松监管和标准化为创新创造空间。
- 设立专门用于支持自主型教育项目的款项来激励创新。
- 完善制度所需的软硬件条件，如设置专门的办公室，以促进自主型教育。
- 如果有机会，积极而富有创造性地创建支持自主型教育的项目或学校。

政策制定者可以：

- 制定政策和计划来刺激自主型教育创新。
- 制定政策，授权学校将自主权作为所有学生的一种选择。
- 停止或取消旨在强化传统教育范式的政策，如统一课程和标准化考试的评价模式。

我们需要开始让自主教育成为所有学生的一种选择。

未来，属于终身学习者

我这辈子遇到的聪明人（来自各行各业的聪明人）没有不每天阅读的——没有，一个都没有。巴菲特读书之多，我读书之多，可能会让你感到吃惊。孩子们都笑话我。他们觉得我是一本长了两条腿的书。

——查理·芒格

互联网改变了信息连接的方式；指数型技术在迅速颠覆着现有的商业世界；人工智能已经开始抢占人类的工作岗位……

未来，到底需要什么样的人才？

改变命运唯一的策略是你要变成终身学习者。未来世界将不再需要单一的技能型人才，而是需要具备完善的知识结构、极强逻辑思考力和高感知力的复合型人才。优秀的人往往通过阅读建立足够强大的抽象思维能力，获得异于众人的思考和整合能力。未来，将属于终身学习者！而阅读必定和终身学习形影不离。

很多人读书，追求的是干货，寻求的是立刻行之有效的解决方案。其实这是一种留在舒适区的阅读方法。在这个充满不确定性的年代，答案不会简单地出现在书里，因为生活根本就没有标准确切的答案，你也不能期望过去的经验能解决未来的问题。

而真正的阅读，应该在书中与智者同行思考，借他们的视角看到世界的多元性，提出比答案更重要的好问题，在不确定的时代中领先起跑。

湛庐阅读 App：与最聪明的人共同进化

有人常常把成本支出的焦点放在书价上，把读完一本书当作阅读的终结。其实不然。

时间是读者付出的最大阅读成本

怎么读是读者面临的最大阅读障碍

“读书破万卷”不仅仅在“万”，更重要的是在“破”！

现在，我们构建了全新的“湛庐阅读”App。它将成为你“破万卷”的新居所。在这里：

- 不用考虑读什么，你可以便捷找到纸书、电子书、有声书和各种声音产品；
- 你可以学会怎么读，你将发现集泛读、通读、精读于一体的阅读解决方案；
- 你会与作者、译者、专家、推荐人和阅读教练相遇，他们是优质思想的发源地；
- 你会与优秀的读者和终身学习者为伍，他们对阅读和学习有着持久的热情和源源不绝的内驱力。

下载湛庐阅读 App，
坚持亲自阅读，
有声书、电子书、阅读服务，
一站获得。

北京市版权局著作权合同登记号　图字：01-2022-2545

图书在版编目（CIP）数据

让孩子成为自主学习者 /（美）迈克尔·韦迈尔，赵勇著；周晓音译 .-- 北京：中国财政经济出版社，2023.1
书名原文：Teaching Students to Become Self-Determined Learners
ISBN　978-7-5223-1842-4

Ⅰ. ①让… Ⅱ. ①迈… ②赵… ③周… Ⅲ. ①学习方法 Ⅳ. ① G442

中国版本图书馆 CIP 数据核字（2023）第 003867 号

责任编辑：王　飏　　　　责任校对：胡永立
封面设计：ablackcover.com　　　　责任印制：张　健

让孩子成为自主学习者
RANG HAIZI CHENGWEI ZIZHU XUEXIZHE

中国财政经济出版社 出版
URL：http://www.cfeph.cn
E-mail:cfeph@cfemg.cn
（版权所有 翻印必究）
社址：北京市海淀区阜成路甲 28 号　　邮政编码：100142
营销中心电话：010-88191522
天猫网店：中国财政经济出版社旗舰店
网址：https：//zgczjjcbs.tmall.com
天津中印联印务有限公司印装　　各地新华书店经销
成品尺寸：170mm×230mm　　16 开　　13.25 印张　　148 000 字
2023 年 1 月第 1 版　　2023 年 1 月天津第 1 次印刷
定价：69.90 元
ISBN 978-7-5223-1842-4
（图书出现印装问题，本社负责调换，电话：010-88190548）
本社图书质量投诉电话：010-88190744
打击盗版举报热线：010-88191661　　QQ：2242791300